OS REFLEXOS DA NEGLIGÊNCIA

NA PRIMEIRA INFÂNCIA

com enfoque na violação
do direito à liberdade
das crianças nascidas
em penitenciárias no Brasil

Copyright © 2020 by Editora Letramento
Copyright © 2020 by Ariadni Jasmini Ferreira Rocha

DIRETOR EDITORIAL | Gustavo Abreu
DIRETOR ADMINISTRATIVO | Júnior Gaudereto
DIRETOR FINANCEIRO | Cláudio Macedo
LOGÍSTICA | Vinícius Santiago
COMUNICAÇÃO E MARKETING | Giulia Staar
EDITORA | Laura Brand
ASSISTENTE EDITORIAL | Carolina Fonseca
DESIGNER EDITORIAL | Gustavo Zeferino e Luís Otávio Ferreira
CAPA | Memento Editorial
REVISÃO | LiteraturaBr Editorial
DIAGRAMAÇÃO | Renata Oliveira
CONSELHO EDITORIAL | Alessandra Mara de Freitas Silva; Alexandre Morais da Rosa; Bruno Miragem; Carlos María Cárcova; Cássio Augusto de Barros Brant; Cristian Kiefer da Silva; Cristiane Dupret; Edson Nakata Jr; Georges Abboud; Henderson Fürst; Henrique Garbellini Carnio; Henrique Júdice Magalhães; Leonardo Isaac Yarochewsky; Lucas Moraes Martins; Luiz Fernando do Vale de Almeida Guilherme; Nuno Miguel Branco de Sá Viana Rebelo; Renata de Lima Rodrigues; Rubens Casara; Salah H. Khaled Jr; Willis Santiago Guerra Filho.

Todos os direitos reservados.
Não é permitida a reprodução desta obra sem
aprovação do Grupo Editorial Letramento.

Dados Internacionais de Catalogação na Publicação (CIP) de acordo com ISBD

J39r	Jasmini F. R., Ariadni
	Os reflexos da negligência na primeira infância: com enfoque na violação do direito à liberdade das crianças nascidas em penitenciárias no Brasil / Ariadni Jasmini F. R. - Belo Horizonte, MG : Casa do Direito, 2020.
	86 p. ; 14cm x 21cm.
	Inclui bibliografia.
	ISBN: 978-65-86025-52-1
	1. Direito. 2. Primeira infância. I. Título.
2020-2073	CDD 342.17 CDU 342.726

Elaborado por Vagner Rodolfo da Silva - CRB-8/9410

Índice para catálogo sistemático:
1. Direito : Primeira infância 342.17
2. Direito : Primeira infância 342.726

Belo Horizonte - MG
Rua Magnólia, 1086
Bairro Caiçara
CEP 30770-020
Fone 31 3327-5771
contato@editoraletramento.com.br
editoraletramento.com.br
casadodireito.com

Grupo Editorial **LETRAMENTO**

CASA DO DIREITO

Casa do Direito é o selo jurídico do
Grupo Editorial Letramento

Ariadni Jasmini Ferreira Rocha

OS REFLEXOS DA NEGLIGÊNCIA

NA PRIMEIRA INFÂNCIA

com enfoque na violação
do direito à liberdade
das crianças nascidas
em penitenciárias no Brasil

CASA DO DIREITO

AGRADECIMENTOS

Agradeço ao meu avô (e "pai em dobro"), José E. M., por ser meu porto seguro, minha inspiração; ao meu esposo, amigo e companheiro, Marcos V. L. R., por todo amor, dedicação, amparo, e pelo afeto sempre constante que me faz lembrar das lições do "Pequeno Príncipe" de Saint-Exupéry, sobre o que é verdadeiramente necessário, essencial, na vida; à minha mãe guerreira, Rose N. F. M., meu espelho, por me amar e proteger, ou melhor, por me ensinar que amar também significa proteger, ainda que para isto tenhamos que enfrentar nossos maiores medos; à minha tia Adriana N. M. e minha vó Maria N. M. por todo cuidado que me dedicaram e dedicam.

Agradeço também à minha segunda família, aqueles que tenho o privilégio de chamar de amigos, em especial, o Renato N. C., a Luana S. S. C., a Sílvia B., e a Vanusa M., pela compreensão, pelo carinho, por me ouvirem, por me ajudarem a cicatrizar as feridas que a violência na infância me causou.

E agradeço também ao Professor Dr. Pedro Pulzatto Peruzzo, por todo apoio e orientação, e à Dra. Michelli Vieira do Lago Ruesta Changman, não só pela inspiração no tema da monografia que deu origem a este livro, mas também por me inspirar a ser uma profissional melhor, que reconhece a importância do afeto.

SUMÁRIO

PREFÁCIO   9

PRÓLOGO   11

INTRODUÇÃO   13

CAPÍTULO 1   17

    1.1. Os reflexos da violência na "primeira infância"   19

CAPÍTULO 2   35

    2.1. Os direitos da criança na legislação interna e internacional: um olhar para a primeira infância   37

CAPÍTULO 3   51

    3.1. Negligência em relação aos filhos de mulheres encarceradas no Brasil e a violação do direito à liberdade destas crianças   53

    3.2. O afeto como garantidor do direito à liberdade na primeira infância, com enfoque no sistema prisional   69

CONSIDERAÇÕES FINAIS   81

BIBLIOGRAFIA E REFERÊNCIAS   83

PREFÁCIO

O trabalho realizado pela autora aborda tema atual e de extrema sensibilidade para um país com as maiores taxas de assassinato de crianças e mulheres do mundo. A negligência na primeira infância pode ser a raiz de uma infinidade de transtornos psíquicos e sociais, além de ter o condão de inviabilizar projetos de vida e o direito ao desenvolvimento individual.

A autora se debruça sobre o tema com a atenção e dedicação que marcaram sua trajetória acadêmica e, na condição de professor e orientador da Ariadni, registro minha sincera satisfação de ver este trabalho sendo consolidado em forma de livro. A experiência de vida da autora e a dedicação acadêmica estão estampadas nesta obra, que merece ser lida por todos os que se dedicam aos estudos e aos cuidados da infância.

O enfoque na violação do direito à liberdade das crianças nascidas em penitenciárias no Brasil dá ao trabalho o viés social e crítico necessário em toda reflexão sobre Direitos Humanos. Nascer preso, além de ser uma violação escancarada à Constituição Federal de 1988 e aos documentos internacionais incorporados pelo Brasil, é uma realidade tão desumana quanto viver sem dignidade.

Que tenhamos dias melhores para as crianças e para as mães brasileiras!

Campinas, março de 2020.

Pedro Pulzatto Peruzzo

Professor do Mestrado em Direito da PUC-Campinas

PRÓLOGO

Posso dizer que lutar por direitos na infância, bem como contra a violência em geral, resumem boa parte da minha história até o presente momento. Foi esse desejo de grito aflorado ainda aos doze anos de idade que definiram a maioria dos meus passos desde então. Foi um período obscuro em que aprendi à força que é preciso gritar. Mas não com um grito daqueles que desafogam os pulmões com alegria, entusiasmo. É o grito da dor, da violência, da angústia, do amadurecimento precoce. Era o grito contra a violência doméstica que havia nascido em mim quando eu gritei pela primeira vez, ou melhor dizendo, eu e minha mãe gritamos. E assim, ainda na adolescência, essa necessidade de lutar por algo que deveria ser direito assegurado fez com que eu percebesse o valor da voz, que é essa força necessária para exercer direitos, para se conscientizar e pôr limites à opressão, seja ela qual for, venha ela de quem for.

Foi essa voz que me trouxe um certo esclarecimento, ainda ingênuo, vindo não sei de onde, nem como, para que eu percebesse que algo estava errado, e que ninguém, especialmente nenhuma criança, nenhuma mulher, deveria viver subjugada pela dor, pelo medo. Ainda nesse período, aos olhos de uma criança, a figura da advogada (que cuidou do processo de divórcio) me pareceu heroica, forte. Eu acreditei que, assim como ela havia nos ajudado eu também poderia lutar por outras pessoas. E foi assim que passei a sonhar com o curso de Direito. Hoje, recém-graduada, percebo que a faculdade realmente me proporcionou outra forma de "grito", de luta. Mas ainda não foi suficiente. Ouso dizer que a sensação que sinto se assemelha àquela descrita por Clarice Lispector na ilustre obra "A Hora da Estrela", logo em suas primeiras páginas: "(...) Enquanto eu tiver perguntas e não houver resposta continuarei a escrever (...)". Por isso escrevo sobre o que me inquieta. E a violência é definitivamente uma questão inquietante.

O trabalho de monografia (que originou este livro) me permitiu refletir de forma mais aprofundada sobre a violência na infância com a empatia de quem a vivenciou, e me permitiu procurar alguma resposta ao problema. Ao final, percebi que um dos meios de se alterar o atual cenário de violência na infância é refletir sobre o assunto e instigar a consciência das pessoas para que mudanças efetivas sejam realizadas. Percebi também que gerar essa consciência em outras pessoas, através da pesquisa, da escrita, da fala, da voz, me permite extrair algo de bom daqueles tempos obscuros que passei. Mas se faço isso, é na tentativa de evitar que o ciclo da violência ocorra com outras pessoas. É somente para que nenhuma outra criança ou mulher passe pelo que passei. É somente para gritar contra a violência na infância. Eis a razão pela qual este livro ainda é reflexo daquele velho grito gerado em mim, é um dos espelhos que bem traduz a pessoa que me tornei, uma pessoa que sabe que pode e deve questionar, refletir, gritar, mesmo diante do menor indício de dor de outrem.

Campinas, abril de 2020.

Ariadni Jasmini Ferreira Rocha

Bacharela em Direito pela PUC-Campinas

INTRODUÇÃO

Os diplomas internacionais de Proteção à Criança, assim como a Constituição, os Estatutos da Criança e Adolescente e da Primeira Infância elencam diversos direitos a serem garantidos na infância, tais como a vida, a saúde, a alimentação, a moradia, a educação, o esporte, o lazer, a profissionalização, a cultura, a dignidade, o respeito, a liberdade e a convivência familiar e comunitária. Porém, infelizmente, a realidade brasileira tem revelado, de modo geral, uma enorme distância entre o que está escrito nas leis e o que ocorre na prática. Ao contrário da proteção devida, os dados estatísticos alertam para o crescimento da violência contra crianças no cenário nacional e mundial.

Diante do crescimento dessa violência, será realizada uma abordagem inicial relacionada ao quadro geral de violência na infância, tomando por base a definição da Organização Mundial de Saúde (OMS) em relação aos quatro tipos de violência, classificadas como abuso físico, sexual, emocional ou psicológico e negligência,[1] seguido de um primeiro recorte enfatizando a negligência, (que é a falha dos responsáveis[2] em prover as necessidades básicas da criança, tais como saúde, alimentação, educação, afeto e respeito), como espécie de violência com maior número de casos registrados nos últimos anos no Brasil, representando expressivos 50% dos casos

---

[1] World Health Organization (WHO) e International Society for Prevention of Child Abuse and Neglect (ISPCAN). **Preventing child maltreatment: a guide to taking action and generating evidence.** Geneva: WHO, ISPCAN; 2006. Disponível em: http://www.who.int/violence_injury_prevention/publications/violence/child_maltreatment/en/. Acesso em 31.08.2017.

[2] Pelo Artigo 227 da Constituição Federal, a responsabilidade cabe ao Estado, à sociedade e à família.

apurados em uma pesquisa apresentada em 2015,[3] e o fato de que esta, no entanto, parece não alarmar a sociedade e o Estado, pois as marcas dessa violência não ficam registradas apenas na pele, mas são também amplamente refletidas na constituição psíquica até a vida adulta da vítima.

Neste contexto de negligência, alcança-se o segundo recorte, relacionado aos efeitos da negligência na primeira infância no Brasil. Isto porque a primeira infância, compreendida desde o nascimento até os 06 (seis) primeiros anos de vida, representa um período de extrema vulnerabilidade psicomotora na vida de uma pessoa, a qual necessita de cuidados especiais e carece que outros lhe façam valer os direitos que possui. Porém, este estado de incapacidade não implica ausência de direitos, porquanto esta pessoa em desenvolvimento é sujeito de direitos e cidadã desde seu primeiro fôlego de vida, conforme preceitua o Estatuto da Primeira Infância (Lei nº 13.257 de 08 de março de 2016).[4] Assim sendo, cabe à família, à sociedade e ao Estado (Artigo 227 da Constituição)[5] perceber nestes vulneráveis o "título" que a própria legislação brasileira lhes atribui e garantir que tenham os direitos daí decorrentes garantidos.

O que se propõe, portanto, é um enfoque especial à garantia do desenvolvimento integral compreendendo a dimensão *mental, moral e social* da infância através do direito à *liberdade* tão amplamente negligenciado, especialmente nos primeiros anos de vida. Salienta-se que a escolha deste enfoque não se deu por desprezo aos demais direitos já elencados, mas devido à preocupação de que o Estado, a sociedade e as famílias brasileiras não busquem apenas alimentar o corpo das crianças, mas também busquem promover o desenvolvimento sa-

---

3 NUNES, A. J., e SALES, M. C. V. **Violência contra crianças no cenário brasileiro**. 2016, p. 3. CIÊNCIA & SAÚDE COLETIVA, vol. 21, n.3. Rio de Janeiro. Março de 2016. Disponível em: *http://www.scielosp. org/scielo.php?script=sci_arttext&pid=S1413-81232016000300871&lang=pt*. Acesso em 31.08.2018.

4 BRASIL. Lei Nº 13.257, de 8 de março de 2016. Dispõe sobre as políticas públicas para a primeira infância (...).

5 Constituição da República Federativa do Brasil.

dio e adequado de suas mentes, que acabam por permanecer em níveis reduzidos de desenvolvimento e autoconfiança.

Isto não significa apenas diminuir a enorme problemática da desigualdade entre determinados grupos sociais, bem como a da alarmante desnutrição infantil ou os inúmeros casos de crianças desabrigadas, mas significa nos permitir dar igual importância a outra ótica sobre as necessidades das crianças, pois as garantias de vida, saúde, alimentação e moradia se encontram no mesmo patamar dos direitos à liberdade, educação, lazer, profissionalização e cultura, e somente quando somados todos estes direitos há o resultado de uma vida digna que se espera garantir às crianças de nossa sociedade.

A escolha da abordagem do direito à liberdade se deve ao fato de que este direito está diretamente relacionado à dignidade da pessoa humana e o direito à vida, pressupostos existenciais sem os quais não há qualquer outro direito relacionado à existência humana a ser garantido, abrangendo portanto, o desenvolvimento mental, moral e social na infância, uma vez que, o pleno desenvolvimento da pessoa humana só é possível quando há dignidade. Apesar da enorme abrangência do direito à liberdade (que permeia desde a capacidade de formar e expressar opiniões, até o direito de brincar e praticar esportes, participar da vida familiar e política, e obter refúgio e orientação), a presente análise será direcionada à liberdade física e de locomoção das crianças brasileiras, inseridas na faixa etária da primeira infância, e que se encontram encarceradas juntamente com suas mães em presídios ao redor do país, como reflexo de uma nítida afronta aos seus direitos de serem livres e jamais serem submetidas à violência. Este foco é de extrema relevância dado que, de acordo com o Levantamento de Informações Penitenciárias – Infopen Mulheres, 2ª edição, de 2018 – que ainda conta com informações desatualizadas do Infopen 2016 – em 2016 haviam 42.355 mulheres privadas de sua liberdade no Brasil, sendo que, 886 destas eram gestantes ou lactantes, e apenas 50% estão alocadas em celas adequadas. O Infopen 2018 ainda revela que apenas 14% das unidades prisionais femininas ou mistas possuem berçário ou centro de referência materno-infantil para bebês com até 02 anos de idade, especialmente para assegurar cuidados relacionados à amamentação, e 3% das unidades tem espaço para creche destinado a receber crianças acima de 02 anos, e da análise de apenas 7% da população carcerária feminina neste período se extraiu que haviam 1.111 brasileiros inocentes presos, sendo 469 crianças de 0 a 3 anos, e outras 642 crianças com mais de 3 anos de idade.[6]

A reflexão ora desenvolvida é, portanto, no sentido de que o desenvolvimento psicossocial e cultural ainda na fase da primeira infância é de suma importância não somente para garantir o bem-estar das crianças, mas também para a formação de uma sociedade a cada dia mais sadia e harmônica, e este desenvolvimento jamais poderá ser obtido em um ambiente de privação que não possui espaços adequados sequer para o aleitamento materno.

Estes direitos somente poderão ser garantidos através do conhecimento, da conscientização e respeito dos responsáveis e da sociedade como um todo diante de suas crianças, o que nos direciona ao último recorte, qual seja o do afeto como desencadeador de mudanças sociais capazes de prevenir a ocorrência de violações aos direitos destes vulneráveis bem como de atenuar os efeitos decorrentes desta privação.

Isto porque o afeto se mostra como valor presente no dever de cuidado na infância, o exato antônimo à negligência e, portanto, um potente instrumento para garantia dos direitos da primeira infância, pois como vulneráveis, estas crianças precisam da empatia daqueles denominados *capazes* para lhes garantir seus direitos.

---

6 MINISTÉRIO DA JUSTIÇA E DA SEGURANÇA PÚBLICA, DEPARTAMENTO PENITENCIÁRIO NACIONAL. **Levantamento de Informações Penitenciárias – Infopen Mulheres**, 2ª edição. p. 30-33, 50-52. Brasília, 2018. Disponível em: http://depen.gov.br/DEPEN/depen/sisdepen/infopen-mulheres/infopenmulheres_arte_07-03-18.pdf. Acesso em 01.09.2018.

CAPÍTULO 1

1.1. OS REFLEXOS DA VIOLÊNCIA NA "PRIMEIRA INFÂNCIA"

Para abordar o tema proposto no aspecto da infância, iniciemos com um conceito primordial, qual seja, o conceito de infância. Encontramos uma primeira definição na Convenção sobre os Direitos da Criança de 1989, incorporada pelo Brasil em setembro de 1990 através do Decreto nº 99.710, de 21 de novembro de 1990,[7] como sendo o período que compreende a pessoa até os dezoito anos de idade.

Apesar de ter sido incorporada, essa Convenção não afasta (e também não contradiz) a legislação interna que, inclusive para fins de políticas públicas e imposição de medidas socioeducativas, tratou do tema de forma mais específica. O Artigo 2º da Lei 8.069 de 1990 (Estatuto da Criança e do Adolescente),[8] diz que deve ser compreendida como criança a pessoa até os doze anos de idade incompletos e adolescente a pessoa entre os doze e os dezoito anos de idade.

Além dessa definição, também para orientar medidas legislativas e políticas públicas específicas, a primeira infância é definida como o período que compreende os primeiros 6 (seis) anos completos ou 72 (setenta e dois) meses de vida da criança, de acordo com o Artigo 2º da Lei 13.257 de 2016 (Estatuto da Primeira Infância).[9] Cabível ressaltar que, apesar do Código Civil Brasileiro[10] atribuir personalidade apenas ao ser humano nascido com vida, de acordo com o Artigo 2º desta Lei, os direitos do nascituro devem ser assegurados

---

7 ASSEMBLEIA GERAL DAS NAÇÕES UNIDAS. Decreto Nº 99.710, de 21 de novembro de 1990. Promulga a Convenção sobre os Direitos da Criança.
8 BRASIL. Lei Nº 8.069 de 13 de julho de 1990. Dispõe sobre o Estatuto da Criança e do Adolescente e dá outras providências.
9 BRASIL. Lei Nº 13.257, de 8 de março de 2016. Dispõe sobre as políticas públicas para a primeira infância (...).
10 BRASIL. Lei no 10.406, de 10 de janeiro de 2002. Institui o Código Civil.

desde a concepção, sendo devido o tratamento e atenção especiais durante o período da gestação em função de sua influência no desenvolvimento da criança.

Apesar de serem sujeitos de direitos, estes se veem à mercê dos responsáveis, da sociedade e do Estado para terem seus direitos garantidos, e muitos daqueles a quem tiveram de confiar sua segurança flagrantemente têm falhado em garanti-la. É o que mostra o Mapa da Violência de 2012, desenvolvido por WAISELFISZ, que aponta que em 2010, no Brasil, foram registrados 709 casos de suicídio, 8.686 casos de homicídio contra crianças, 1.244 casos de mortes de crianças devido a outras violências, e 20.048 mortes por causas externas.[11] O estudo ainda aponta que:

> Efetivamente, em 1980 as causas externas representavam só 6,7% do total de mortes de crianças e adolescentes. Para 2010 essa participação quadruplica: se eleva para 26,5%. E a tendência visível nos últimos anos indica que essa participação vai crescer mais ainda.[12]

Quando perpetrada, a violência contra crianças configura de imediato uma agravante em função da fragilidade que estas pessoas em desenvolvimento apresentam na totalidade das vezes em que o crime ocorre. Não há que se falar em quaisquer mecanismos de defesa pessoal, não há sequer voz para estes indivíduos, e muitas das vezes os frágeis sinais enviados pelas vítimas são admitidos como fantasias, invenções psicológicas, "coisa de criança", ouve-se dizer.

De forma geral, o termo violência pode ser entendido como *"uso da força física ou do poder, real ou em ameaça, contra si*

---

11 De acordo com o mesmo estudo, *"as causas externas remetem a fatores independentes do organismo humano, fatores que provocam lesões ou agravos à saúde que levam à morte do indivíduo."*.

12 Centro Brasileiro de Estudos Latino-Americanos – CEBELA, e FACSO. **Mapa da violência 2012, Crianças e Adolescentes do Brasil.** Rio de Janeiro, 2012. p. 12. Disponível em: https://www.mapadaviolencia.org.br/pdf2012/MapaViolencia2012_Criancas_e_Adolescentes.pdf. Acesso em 28.05.2018.

próprio, contra outra pessoa, ou contra um grupo ou uma comunidade, que resulte ou tenha qualquer possibilidade de resultar em lesão, morte, dano psicológico, deficiência de desenvolvimento ou privação", sendo que *"a Organização Mundial de Saúde (OMS) classifica a violência contra a criança em quatro tipos,* **abuso físico, sexual, emocional ou psicológico e negligência,** *os quais podem resultar em danos físicos, psicológicos; prejuízo ao crescimento, desenvolvimento e maturação das crianças".*[13]

Segundo Albornoz e Nunes, 2004 *apud* Farinatti e colaboradores, 1993 e Furniss, 1993, Bowlby, 1988 e Spitz, 1988, pode-se definir como violência física aquela em que há abuso envolvendo uso da força física; violência sexual como aquela em que há o *"envolvimento do indivíduo em atividades sexuais com ou sem contato físico – exposição, manipulação, penetração, exploração – que ele não compreende ou para as quais ainda não tem maturidade";*[14] a negligência, por sua vez, é descrita como falha dos responsáveis em prover as necessidades básicas da criança, tais como saúde, alimentação, educação, afeto e respeito, pois *"há uma desatenção quanto a aspectos importantes no cuidado da criança,(...) acontece quando as relações de cuidado são inexistentes ou inadequadas";*[15] e, por fim, a violência emocional ou psicológica está relacionada à todas as privações sofridas pelo indivíduo, que são perturbadoras do desenvolvimento emocional e psíquico sadio e adequado.

---

13 NUNES, A. J., e SALES, M. C. V. **Violência contra crianças no cenário brasileiro**, página 2. CIÊNCIA & SAÚDE COLETIVA, vol. 21, n.3. Rio de Janeiro. Março de 2016. Disponível em: http://www.scielosp. org/scielo.php?script=sci_arttext&pid=S1413-81232016000300871&lang=pt *apud* World Health Organization (WHO) e International Society for Prevention of Child Abuse and Neglect (ISPCAN). **Preventing child maltreatment: a guide to taking action and generating evidence.** Geneva: WHO, ISPCAN; 2006. Disponível em: http://www.who.int/violence_injury_prevention/publications/violence/child_maltreatment/en/. Acesso em 31.08.2017.

14 ALBORNOZ e NUNES. **A dor e a constituição psíquica. 2004**, p. 3. Disponível em: http://www.scielo.br/pdf/pusf/v9n2/v9n2a12.pdf. Acesso em 28.05.2018.

15 ALBORNOZ e NUNES, opus citatum.

Em uma pesquisa realizada em 2015, cujos dados foram coletados em 2013, se apontou a negligência como a espécie de violência com mais registros contra crianças, correspondendo a 50% dos casos, seguida pela violência física (33,3%), psicológica (8,3%) e sexual (8,3%), afetando de forma mais gravosa o sexo masculino (41,7%) em relação ao feminino (25%), especialmente em relação aos três primeiros casos (negligência, violência física e psicológica), e tendo como agressor, na maior parcela das vezes (75%), um membro da família ou alguém extremamente próximo e que exerce posição de confiança, ou seja, alguém de quem a criança apresente dependência direta.[16] Diante destes dados, resta caracterizado o enfoque que se procura dar à negligência como espécie de violência com maior ocorrência nos últimos anos.

Apesar de ser um dos tipos de violência com maior predomínio, a negligência está inserida nos casos menosprezados e, por certo, a falta de atenção a estes casos contribui para sua proliferação. A negligência parece não despertar o mesmo grau de indignação, reflexão, e interesse por parte da sociedade e do Estado. Não deixa marcas físicas visíveis, nem gera tantas manchetes para a mídia explorar e, consequentemente, não gera extrema comoção social. Como o Direito e a Política se conectam diretamente aos fatos sociais definidos como relevantes e que, por esta relevância demandam políticas públicas e amparo jurídico, pinta-se o quadro de negligência política, jurídica e social em relação à negligência na infância. O pleonasmo deixa evidente, portanto, o fato de que esta cadeia de omissões familiar, social, jurídica, e política tem beneficiado a continuidade deste quadro no Brasil.

O fato de a negligência ser perpetrada com mais frequência em crianças do sexo masculino possui ligação direta com o

---

16 NUNES, A. J., e SALES, M. C. V. **Violência contra crianças no cenário brasileiro**. 2016, p. 3 e 7. CIÊNCIA & SAÚDE COLETIVA, vol. 21, n.3. Rio de Janeiro. Março de 2016. Disponível em *http://www.scielosp.org/scielo.php?script=sci_arttext&pid=S1413-81232016000300871&lang=pt*. Acesso em 31.08.2017.

machismo presente desde os primórdios da sociedade, que incute a cultura de fazer do garoto um indivíduo "imune" a quaisquer sentimentos ou fraquezas, forte, viril e racional, e que, por assim ser, não deve carecer de cuidados específicos, tidos como supérfluos em função da crença ilusória de que devem ter maior "liberdade".

A criança cresce absorvendo inúmeros símbolos "ditos como de masculinidade" que representam poder, como é possível constatar nos brinquedos de armas de fogo[17] e que representam apenas uma centelha no fogaréu de casos de negligência a que são submetidas essas crianças. A mesma cultura machista irá se materializar no desenvolvimento de meninas que são educadas para acreditarem ser frágeis, submissas, passivas, o que as torna, consequentemente, alvos mais suscetíveis à violência sexual em função da visão da mulher como objeto ou mesmo como ser inferior que deve ser submetido à vigilância e poderio da figura masculina.

Outro aspecto de grande relevância é o ambiente em que a violência, de forma geral, tem sido verificada, qual seja o ambiente familiar. Isto porque a criança se vê entregue ao adulto, diretamente dependente deste e sujeita ao tratamento que este lhe dispensar, seja o tratamento adequado ou não. É o que abordam ALBORNOZ e NUNES, 2004:[18]

> Sendo assim, pode-se dizer que os traços que caracterizam o ser humano – sua personalidade, sua forma de pensar, de se comportar – não se constroem no vazio, assim como também não são uma reprodução direta do que é a família, mas constituem-se nas relações sociais de interdependência (Zago, 2000). O grupo

---

17 NUNES, A. J., e SALES, M. C. V. **Violência contra crianças no cenário brasileiro.** 2016, p. 7. CIÊNCIA & SAÚDE COLETIVA, vol. 21, n.3. Rio de Janeiro. Março de 2016. Disponível em: *http://www.scielosp.org/scielo.php?script=sci_arttext&pid=S1413-81232016000300871&lang=pt.* Acesso em 31.08.2017.

18 ALBORNOZ e NUNES *apud* COSTA, 1999, e ORTIGUES & ORTIGUES, 1999. **A dor e a constituição psíquica.** 2004, p. 4. Disponível em: http://www.scielo.br/pdf/pusf/v9n2/v9n2a12.pdf. Acesso em 28.05.2018.

familiar pode determinar a possibilidade ou a impossibilidade de saúde dos seus membros. As tensões internas da família podem ser drenadas através de um de seus membros; geralmente essa sobrecarga recai sobre o membro mais frágil. A criança, pela sua condição de vulnerabilidade, dificilmente consegue escapar dos papéis que precocemente lhe são atribuídos pela família. Assumir esses papéis pode constituir-se na sua única forma de sobrevivência possível (Costa, 1999; Ortigues & Ortigues, 1988).

No mesmo sentido, NUNES e SALES, 2016,[19] apontam a contrariedade do ambiente familiar regularmente relacionado a um local seguro e os dados pesquisados que demonstram a intensa ocorrência de violência contra crianças neste ambiente justamente devido à dependência das vítimas, ressaltando ainda as questões de gênero anteriormente abordadas como fator que intensifica a vulnerabilidade das meninas no ambiente familiar, e apontando como principais agressores as mães ou madrastas em relação à violência psicológica, física e a negligência, ocorrendo agressões em maior proporção em relação ao sexo masculino; enquanto os pais ou padrastos, avôs e tios estão relacionados em maior proporção à violência sexual contra crianças do sexo feminino. Esta predominância da violência doméstica contra crianças ainda traz consigo a dificuldade de diagnóstico, prevenção e punição dos agressores devido ao temor da vítima de que ao relatar as ocorrências poderá sofrer ainda mais punições posteriormente.

> Segundo Mascarenhas et al., o ambiente domiciliar é um local em que grande parte dos eventos violentos toma lugar, sendo este o ambiente favorável para a ocorrência de agressões e abusos contra crianças, principalmente as meninas. Por permanecerem por mais tempo em seus lares, as crianças acabam sendo violentadas mais frequentemente nestes locais. É interessante ressaltar mediante esta problemática que qualquer membro da família pode se tornar, em determinadas circunstâncias, vítima ou autor de violência. Entretanto, as crianças, por serem mais susceptíveis, indefesas e dependentes da família e da sociedade, são as principais vítimas desse tipo de violência, remetendo cada vez mais um olhar de gênero sobre essa

---

19 NUNES, A. J., e SALES, M. C. V., opus citatum, p. 8.

realidade. Nesta relação, como cita Moura et al., é importante destacar que a mãe foi considerada como principal agressor em alguns tipos de violência – a psicológica e o castigo corporal, seguido pela negligência. (...) A mãe ter sido apontada como a principal agressora pode ser explicado pelo fato dela estar mais próxima fisicamente da criança, seja responsabilizando-se pelo cuidado afetivo e educacional dos filhos, seja garantindo sua sobrevivência, já que na maioria das vezes, quando o casal está separado, é com ela que a criança permanece, sendo essa proximidade um fator de risco para o desenvolvimento da violência. No entanto, diversas situações são descritas pelas mães como fatores circunstanciais para desencadear o ato violento, como por exemplo, o choro da criança ou alguma ação realizada por ela da qual não tenha controle irritando o cuidador. (...) Zambon et al. afirmam que uma dificuldade observada em relação à violência quando cometida pela família, é o receio da própria criança em relatar o ocorrido, temendo futuras punições; passando pela dificuldade diagnóstica e de notificação até a falta de dispositivos padronizados e efetivos para a adequada condução desses casos pelo sistema de saúde.[20]

Os efeitos aterradores da violência na infância são ainda mais agravantes quando consumada no decorrer dos primeiros anos de vida da criança, tendo em vista o amplo e intenso prejuízo ao desenvolvimento do indivíduo, principalmente em relação ao desenvolvimento de sua personalidade, conforme abordam ALBORNOZ E NUNES, 2004:[21]

> Considera-se que as privações ocorridas até 3 ou 5 anos de idade oferecem grande risco de danos psíquicos. Após esta faixa etária, a criança já desenvolveu recursos próprios, como a linguagem e a locomoção, que podem minorar os efeitos da privação (BOWLBY, 1988, 1990).

---

20 NUNES, A. J., e SALES, M. C. V. **Violência contra crianças no cenário brasileiro**. 2016, p. 8. CIÊNCIA & SAÚDE COLETIVA, vol. 21, n.3. Rio de Janeiro. Março de 2016. Disponível em: *http://www.scielosp.org/scielo.php?script=sci_arttext&pid=S1413-81232016000300871&lang=pt*. Acesso em 31.08.2017.

21 ALBORNOZ e NUNES *apud* BOWLBY, 1988, 1990. **A dor e a constituição psíquica**. 2004, p. 4. Disponível em: *http://www.scielo.br/pdf/pusf/v9n2/v9n2a12.pdf*. Acesso em 28.05.2018.

Sabe-se que o desenvolvimento de uma personalidade saudável decorre do desenvolvimento sadio nos primeiros anos de vida do indivíduo. A criança nesta fase é incapaz de se gerir de forma autônoma devido à sua impotência psicomotora, experimentando dor e desprazer, *"que informa ao self a respeito do que lhe é desconfortante"* e que, por sua vez, busca *"uma resposta restabelecedora que venha a protegê-lo do acontecimento que ameaça seu equilíbrio"*.[22] O contato com a mãe serve para que a criança atribua à sua dor significado e ainda funciona como instrumento de transformação desta dor, bem como de todas as vivências do bebê. Assim, na mãe a criança *"satisfaz as suas necessidades, contém a sua angústia e internaliza padrões de comportamento, prosseguindo o desenvolvimento de sua personalidade"*,[23] realizando o processo de *"integração do ser instintivo, cognitivo, afetivo e ambiental do infante pela alteração do meio. Ela transforma o vazio, a agonia e a raiva do bebê em plenitude e contentamento. Tal função é herdada pelo ego, posteriormente. É por este motivo que as atitudes do ego indicam o traço daquela relação objetal e contêm a história do desenvolvimento da pessoa"*.[24]

Se as relações na primeira infância constroem sua personalidade que será refletida na vida adulta, a violência no decorrer desse processo terá consequências psíquicas terríveis relacionadas à *"falha significativa dos mecanismos de proteção, sendo causadora de dano ao aparelho psíquico"*, de acordo com ALBORNOZ e NUNES *apud* FREUD,[25] o que prejudica a capacidade do indivíduo de construir vínculos.

Não se pode, assim, ignorar os efeitos da violência no desenvolvimento da personalidade do indivíduo vitimado,

---

22 ALBORNOZ e NUNES *apud* DANTAS, 1999. **A dor e a constituição psíquica.** 2004, p. 1. Disponível em: http://www.scielo.br/pdf/pusf/v9n2/v9n2a12.pdf. Acesso em 28.05.2018.

23 ALBORNOZ e NUNES *apud* WINNICOTT, 1988. Ibidem, p. 2.

24 ALBORNOZ e NUNES *apud* BOLLAS, 1992. Ibidem, p. 2.

25 ALBORNOZ e NUNES *apud* FREUD, 1920/1980b. Ibidem, p. 2.

tendo em vista que, se a criança não é protegida do que lhe causa dor ela irá internalizar este sofrimento e moldar sua personalidade a partir deste, em um *"espaço vazio na mente que será armazenado na memória sem a devida compreensão e poderá desencadear sentimentos de indiferença, vazio, raiva, depressão ou paranoia"*.[26] Neste sentido, na maioria dos casos, a criança reproduz aquilo a que foi submetida, e assim, sendo agredida fisicamente poderá desenvolver uma personalidade agressiva, se abusada sexualmente poderá externar impulsos comportamentais sexualizados, se submetida à negligência poderá desencadear *"(...) quadros psicopatológicos graves como a psicose, a personalidade anti-social (Winnicott, 1988) e a organização da personalidade borderline (Ogato e colaboradores, 1990)."*, que refletem a busca do indivíduo por *"modelos relacionais que ilusoriamente representam proteção diante do sofrimento e da dor (Amendoeira, 1999)"*.[27]

Uma criança negligenciada, abandonada, teme por sua integridade física e emocional, conforme ALBORNOZ e NUNES *apud* BROHL, 1996, PAVIO & LAURENT, 2001 e BOLLAS, 1992,[28] e *"têm reações de estresse semelhantes às reações traumáticas de soldados veteranos da guerra do Vietnã"* uma vez que os *"estímulos do cotidiano ativam lembranças de memórias aterradoras do passado"*, assim, o problema vivenciado e não resolvido passa a integrar a identidade da vítima, prejudicando o desenvolvimento regular de sua personalidade, pensamentos e aprendizagem. Isto significa dizer que a mente do infante está demasiadamente ocupada protegendo o mesmo de determinado trauma que não consegue desenvolver suas relações pessoais e sociais da forma que ocorreria caso

---

26 ALBORNOZ e NUNES *apud* BOLLAS, 1992. Ibidem, p. 3.

27 ALBORNOZ e NUNES *apud* WINNICOTT, 1988, OGATO E COLABORADORES, 1990 e AMENDOEIRA, 1999. **A dor e a constituição psíquica.** 2004, p. 4. Disponível em: http://www.scielo.br/pdf/pusf/v9n2/v9n2a12.pdf. Acesso em 28.05.2018.

28 ALBORNOZ e NUNES, *apud* BROHL, 1996, PAVIO & LAURENT, 2001 e BOLLAS, 1992, opus citatum, p. 5.

a criança não tivesse experimentado determinada situação traumática. São raros os casos em que o trauma não afeta o desenvolvimento da criança, ou mesmo, em que a vítima encontra uma alternativa eficaz e saudável que lhe permita sobreviver e superar o trauma vivido.

Apesar da evidente fragilidade destes indivíduos em desenvolvimento, não são poucos os casos de violência contra crianças na primeira infância registrados, sendo que, de acordo com a ONU (Organização das Nações Unidas) em notícia publicada em novembro de 2017, o Relatório da UNICEF do mesmo período demonstra que a cada sete minutos uma criança ou adolescente morre no mundo vítima de violência, sendo que *"Três quartos das crianças de dois a quatro anos do mundo – cerca de 300 milhões – sofrem agressão psicológica e/ou punição física, tendo como autores dessas violações os seus próprios cuidadores."*. A notícia ainda afirma que *"O Brasil é citado na pesquisa da agência da ONU como um dos 59 países que têm uma legislação que proíbe o castigo físico. Segundo o relatório, apenas 9% das crianças com menos de 5 anos em todo o mundo vivem nessas nações, o que deixa as outras 607 milhões sem uma proteção legal contra esse tipo de violência. (...)"*.[29] Não é outro o entendimento de NUNES e SALES, que observam que a faixa etária das crianças agredidas tem predominância em menores de cinco anos, constatando que quanto mais jovem o indivíduo, maior dependência e vulnerabilidade e, consequentemente, há um maior número de ocorrências.[30]

---

29 Organização das Nações Unidas (ONU). **Brasil tem 7ª maior taxa de homicídios de jovens de todo o mundo, aponta UNICEF.** Brasil, 1º de novembro de 2017. Disponível em: https://nacoesunidas.org/brasil-tem-7a-maior-taxa-de-homicidios-de-jovens-de-todo-o-mundo-aponta-unicef/. Acesso em: 01.06.2018.

30 NUNES, A. J., e SALES, M. C. V. **Violência contra crianças no cenário brasileiro.** 2016, p. 3. CIÊNCIA & SAÚDE COLETIVA, vol. 21, n.3. Rio de Janeiro. Março de 2016. Disponível em *http://www.scielosp. org/scielo. php?script=sci_arttext&pid=S1413-81232016000300871&lang=pt*. Acesso em 31.08.2017.

Tendo em vista que a proteção à primeira infância abrange desde a gestação até os seis anos de idade, o artigo "Mortalidade materna no Brasil: o que mostra a produção científica nos últimos 30 anos?",[31] do caderno de saúde pública do Rio de Janeiro, de 2011, assim como o estudo "Global causes of maternal death: a WHO systematicanalysis",[32] publicado em 2014 pela The Lancet Global Health apontam que, na América Latina, os principais causadores da mortalidade materna[33] são a hemorragia e a hipertensão (também relacionada à pré-eclâmpsia e eclampsia), ambas causas que poderiam ser evitadas com a devida estrutura médica e hospitalar, e instrução e preparo dos profissionais de saúde, o que evitaria, por consequência, a mortalidade infantil que, de acordo com uma pesquisa publicada pela UNICEF em fevereiro de 2018,[34] está

[31] MORSE, FONSECA, BARBOSA, CALIL e EYER. **Mortalidade materna no Brasil: o que mostra a produção científica nos últimos 30 anos?, Caderno de saúde pública do Rio de Janeiro. 2011.** Disponível em: http://www.scielo.br/scielo.php?script=sci_abstract&pid=S0102-311X2011000400002&tlng=pt. Acesso em 01.09.2018.

[32] THE LANCET. **Global causes of maternal death: a WHO systematic analysis.** Disponível em: https://www.thelancet.com/journals/langlo/article/PIIS2214-109X(14)70227-X/fulltext Acesso em 28.05.2018.

[33] *"Mortalidade materna é toda morte produzida por causa da gravidez, aborto, parto e/ou puerpério até 42 dias após o evento obstétrico"* e *"Morbidade grave é aquela que apresenta uma mulher que quase morre, porém, sobrevive a uma complicação que acontece durante a gestação, parto ou até 42 dias após o término da gestação".* Centro Latino-americano de Perinatologia, Saúde da Mulher e Reprodutiva. **Plano de ação para acelerar a redução da mortalidade materna e morbidade materna grave: Estratégia de monitoramento e avaliação.** 2012, p. 5. Disponível em: https://www.paho.org/clap/index.php?option=com_docman&view=download&category_slug=publicaciones&alias=325-plano-de-acao-para-acelerar-a-reducao-da-mortalidadematerna-e-morbidade-materna-grave-estrategia-de-monitoramento-e-avaliacao&Itemid=219&lang=es. Acesso em 28.05.2018.

[34] ONU/UNICEF. **UNICEF diz que taxas de mortalidade infantil em países pobres são alarmantes.** Disponível em: https://nacoesunidas.org/unicef-diz-que-taxas-de-mortalidade-infantil-em-paises-pobres-sao-alarmantes/. Acesso em 25.05.2018.

relacionada em grande número ao parto pré-maturo, complicações durante o parto ou infecções:

> Mais de 80% das mortes de recém-nascidos ocorrem devido a nascimento pré-maturo, complicações durante o parto ou infecções como pneumonia e sepse, de acordo com o documento. (...) Tais mortes podem ser evitáveis com acesso a parteiras bem treinadas, assim como uso de água limpa, desinfetantes, amamentação na primeira hora de vida, contato com a mãe e boa nutrição. No entanto, a falta de profissionais de saúde e parteiras bem treinados significa que milhares não recebem o apoio necessário para sobreviver. Por exemplo, enquanto na Noruega há 218 médicos, enfermeiros e parteiras para cada 10 mil pessoas, esse número é de um a cada 10 mil na Somália.

É o mesmo entendimento da Organização Pan-Americana da Saúde (OPAS) que divulgou na "Folha informativa - Mortalidade Materna",[35] atualizada em agosto de 2018, a íntima relação entre a saúde do recém-nascido e da mãe, e a necessidade de cuidados antes, durante e após o parto para a prevenção da mortalidade materna e infantil:

> A maioria das mortes maternas é evitável, pois as soluções de cuidados de saúde para prevenir ou administrar complicações são bem conhecidas. Todas as mulheres precisam ter acesso a cuidados pré-natais durante a gestação, cuidados capacitados durante o parto e cuidados e apoio nas semanas após o parto. A saúde materna e do recém-nascido estão intimamente ligadas. Estima-se que aproximadamente 2,7 milhões de recém-nascidos morreram em 2015 e houve outros 2,6 milhões de natimortos. É particularmente importante que todos os partos sejam assistidos por profissionais de saúde qualificados, uma vez que o tratamento oportuno pode fazer a diferença entre a vida e a morte da mãe e do bebê. A pré-eclâmpsia deve ser detectada e adequadamente tratada antes do início das convulsões (eclâmpsia) e outras complicações potencialmente fatais. (...) A hemorragia grave após o nascimento pode matar uma mulher

---

35 Organização Pan-Americana da Saúde (OPAS). **Folha informativa – Mortalidade materna**. Atualizada em agosto de 2018. Disponível em: https://www.paho.org/bra/index.php?option=com_content&view=article&id=5741:folha-informativa-mortalidade-materna&Itemid=820. Acesso em 15.04.2020.

saudável em poucas horas caso ela não seja atendida tempestivamente. O uso de oxitocina logo após o parto é uma medida eficaz que previne até 60 % dos casos de hemorragia puerperal. A infecção após o parto pode ser eliminada se uma boa higiene for praticada e se seus primeiros sinais forem reconhecidos e tratados em tempo oportuno.

Nesta mesma linha, o artigo "Principais causas da mortalidade na infância no Brasil, em 1990 e 2015: estimativas do estudo de Carga Global de Doença" da Revista Brasileira de Epidemiologia, de maio de 2017[36] apontou que: *"A maior parte dos óbitos na infância concentra-se no primeiro ano de vida, sobretudo no primeiro mês. Há uma elevada participação das causas perinatais como a prematuridade, o que evidencia a importância dos fatores ligados à gestação, ao parto e ao pós-parto, em geral preveníveis por meio de assistência à saúde de qualidade."*, o que evidencia o quadro de negligência em relação à mortalidade materna e infantil que, com os devidos cuidados, prevenções e preparo, torna-se evitável.

No Brasil, a "Estratégia Zero Morte Materna por Hemorragia", foi implantada em 2015 fruto da parceria entre a Organização Pan-Americana da Saúde/Organização Mundial da Saúde (OPAS/OMS) – por meio do Centro Latino-Americano para Perinatologia – Saúde das Mulheres e Reprodutiva (CLAP/SMR) e o Ministério da Saúde do Brasil com o *"objetivo de mobilizar governos, sociedade civil e comunidades em lugares onde a hemorragia obstétrica é a principal causa das mortes maternas (...)"*.[37] Outras iniciativas também foram divulgadas pelo Ministério da Saúde do Brasil, no entanto, os números divulgados ainda são de *"1.738*

---

36 FRANÇA, E. B., et al. **Principais causas da mortalidade na infância no Brasil, em 1990 e 2015: estimativas do estudo de Carga Global de Doença.** Maio de 2017, p. 2. Disponível em: http://www.scielo.br/pdf/rbepid/v20s1/1980-5497-rbepid-20-s1-00046.pdf. Acesso em 28.05.2018.

37 Organização Pan-Americana da Saúde (OPAS). **Folha informativa – Mortalidade Materna.** Atualizada em agosto de 2018. Disponível em: https://www.paho.org/bra/index.php?option=com_content&view=article&id=5741:folha-informativa-mortalidade-materna&Itemid=820. Acesso em 15.04.2020.

casos de morte materna, que engloba óbitos causados por problemas relacionados à gravidez ou ao parto ou ocorridos até 42 dias depois" em 2015, e outros 1.463 casos registrados em 2016.[38]

O Mapa da Violência de 2012, anteriormente citado, aponta, em relação à primeira infância, que em 2011 foram realizados 3.793 atendimentos no Sistema Único de Saúde – SUS em crianças menores de um ano de idade, e outros 7.132 atendimentos à crianças de um ano a quatro anos de idade, sendo que, em relação aos menores de um ano, 49,9% destes atendimentos estavam relacionados ao abandono ou negligência, enquanto a proporção é de 39,9% em relação às crianças de faixa etária de um a quatro anos na mesma espécie de violência. A negligência nesta faixa etária é seguida por outras duas espécies de violência, a física e a sexual, que juntas representam mais de 30% dos casos atendidos pelo SUS em ambas as faixas etárias. A residência é o palco de 63,1% dos casos de violência com crianças em geral, de 67% dos casos de violência contra crianças de até um ano de idade, e de 78,1% dos casos de violência contra crianças na faixa de um a quatro anos de idade. Os agressores, em sua grande maioria, são os responsáveis pela criança ou pessoas com grau de proximidade elevado (parentes, amigos ou conhecidos).[39]

Dado este contexto, é possível observar que a negligência na primeira infância tem cerceado o direito à vida digna de centenas de crianças desde a concepção e, quando não encerra, obstaculiza a vida destas crianças com problemas psíquicos e sociais decorrentes desta falta de cuidado e afeto. A cadeia de omissões torna-se bastante evidente, iniciando-se

---

38 Ministério da Saúde do Brasil. **Ministério da Saúde investe na redução da mortalidade materna.** Disponível em: https://www.saude.gov.br/noticias/agencia-saude/43325-ministerio-da-saude-investe-na-reducao-da-mortalidade-materna. Acesso em 15/04/2020.

39 Centro Brasileiro de Estudos Latino-Americanos – CEBELA, e FACSO. **Mapa da violência 2012, Crianças e Adolescentes do Brasil.** Rio de Janeiro, 2012. Disponível em: https://www.mapadaviolencia.org.br/pdf2012/MapaViolencia2012_Criancas_e_Adolescentes.pdf. Acesso em 28.05.2018.

pelo Estado, no preparo de profissionais e instalações de saúde adequadas, bem como de mecanismos de prevenção de fatores ligados à gestação, parto e pós-parto que podem comprometer o nascimento com vida destas crianças; a omissão do Estado une-se à da sociedade que deixa de ver, e quando vê, toma por normal situações de abandono, conforme se verá de forma pormenorizada a seguir; e por fim, os responsáveis e a família que, quer por despreparo, desinformação ou simplesmente desmazelo, dão continuidade à esta cadeia contínua de desamparo que certamente gerará efeitos, em um futuro não muito distante, à sociedade como um todo.

CAPÍTULO 2

2.1. OS DIREITOS DA CRIANÇA NA LEGISLAÇÃO INTERNA E INTERNACIONAL: UM OLHAR PARA A PRIMEIRA INFÂNCIA

Por mais óbvio que o conceito de sujeito de direitos possa parecer, este se faz necessário, tendo em vista que o grau de violações a que são submetidas estas crianças parece demonstrar um descaso social, estatal e familiar em relação a esta condição que lhes é atribuída desde a concepção. Apesar do enfoque desta obra estar direcionado ao direito à liberdade, é impossível abordar a temática da negligência relacionada a este direito sem antes tratar do pleno desenvolvimento da pessoa humana relacionado ao princípio da dignidade que, por sua vez, tem por base a garantia da segurança e proteção contra a violência, bem como a proteção dos direitos à vida, à igualdade, e por fim, à liberdade.

Inicialmente, cumpre enfatizar que tanto a legislação interna como a legislação internacional atribuem à criança a qualidade de sujeito de direitos, desde o nascimento e, ainda que o debate sobre o início da vida ainda esteja vivo em nossos tribunais – qual seja o momento em que o indivíduo deve ser considerado como ser humano –, a legislação assegura direitos ao indivíduo desde a concepção no sentido de lhe garantir o nascimento com vida.

A Declaração Universal dos Direitos Humanos, (*adotada e proclamada pela Assembleia Geral das Nações Unidas (resolução 217 A III) em 10 de dezembro 1948*),[40] prevê em seu Artigo Primeiro que *"Todos os seres humanos nascem livres e iguais em dignidade e direitos. São dotados de razão e consciência e devem agir em relação uns aos outros com espírito de fraternidade."*, e ainda em seu Artigo Sexto que *"Todo ser humano tem*

---

40 ASSEMBLEIA GERAL DAS NAÇÕES UNIDAS. Declaração Universal dos Direitos Humanos, 1948. Disponível em: https://www.ohchr.org/EN/UDHR/Pages/Language.aspx?LangID=por. Acesso em 31.09.2018.

o direito de ser, em todos os lugares, reconhecido como pessoa perante a lei.". No mesmo sentido, o Pacto Internacional sobre Direitos Civis e Políticos, incorporado pelo Brasil através do Decreto Nº 592, de 6 de julho de 1992,[41] que já em seu preâmbulo determina que:

> Os Estados Partes do presente Pacto, considerando que, em conformidade com os princípios proclamados na Carta das Nações Unidas, o **reconhecimento da dignidade inerente a todos os membros da família humana** e de seus direitos iguais e inalienáveis constitui o fundamento da liberdade, da justiça e da paz no mundo, reconhecendo que esses direitos decorrem da dignidade inerente à pessoa humana (...). (Grifo nosso).

O mesmo Diploma em seu Artigo 16 prevê que *"Toda pessoa terá direito, em qualquer lugar, ao reconhecimento de sua personalidade jurídica"* e ainda em seu Artigo 24 que:

> 1. Toda criança terá direito, sem discriminação alguma por motivo de cor, sexo, língua, religião, origem nacional ou social, situação econômica ou nascimento, às medidas de proteção que a sua condição de menor requerer por parte de sua família, da sociedade e do Estado. 2. Toda criança deverá ser registrada imediatamente após seu nascimento e deverá receber um nome. 3. Toda criança terá o direito de adquirir uma nacionalidade.

A Convenção Americana sobre Direitos Humanos (Pacto de São José da Costa Rica), de 22 de novembro de 1969,[42] promulgada pelo Brasil por meio do Decreto nº 678, de 06 de novembro de 1992, determina em seu Artigo Primeiro que, para efeitos daquele Diploma, todo ser humano deve ser considerado como pessoa e, como tal, deve ter respeitados os direitos e liberdades tutelados pela Convenção, e complementa em seu Artigo Quarto que o direito à vida deve ser protegido pela lei desde o momento da concepção. O mesmo Diploma ainda pre-

---

41 ASSEMBLEIA GERAL DAS NAÇÕES UNIDAS. Pacto Internacional sobre Direitos Civis e Políticos de 16 de dezembro de 1966.

42 ORGANIZAÇÃO DOS ESTADOS AMERICANOS. Decreto no 678, de 6 de novembro de 1992. Promulga a Convenção Americana sobre Direitos Humanos (Pacto de São José da Costa Rica), de 22 de novembro de 1969.

vê em seus Artigos Terceiro e Vigésimo Quarto, que *"Toda pessoa tem direito ao reconhecimento de sua personalidade jurídica."*.

A Convenção sobre os Direitos da Criança de 1990,[43] tem entendimento similar ao definir em seu preâmbulo que *"(...) a liberdade, a justiça e a paz no mundo se fundamentam no reconhecimento da dignidade inerente e dos direitos iguais e inalienáveis de todos os membros da família humana (...)"*, e em seu Artigo Primeiro que *"Para efeitos da presente Convenção considera-se como criança todo ser humano com menos de dezoito anos de idade, a não ser que, em conformidade com a lei aplicável à criança, a maioridade seja alcançada antes."*.

O Sistema Jurídico Brasileiro também atribui a condição de pessoa a todos os nascidos com vida, de acordo com o Artigo Segundo do Código Civil Brasileiro.[44] E, enquanto pessoa, toda criança desde seu nascimento goza dos direitos assegurados a todo e qualquer ser humano, especialmente o direito à dignidade da pessoa humana, fundamento da República Federativa do Brasil, conforme determina o inciso III, do Artigo Primeiro da Constituição da República Federativa do Brasil.

O Estatuto da Criança e do Adolescente, regido pela Lei 8.069, de 13 de julho de 1990[45] segue o mesmo entendimento das legislações supracitadas, e determina em seus Artigos Segundo e Terceiro que *"Art. 2º Considera-se criança, para os efeitos desta Lei, a pessoa até doze anos de idade incompletos (...)"*, e no Artigo Terceiro, parágrafo único, a aplicação dos direitos previstos à todas as crianças sem discriminação em relação à sua idade:

> Art. 3º (...) Parágrafo único. Os direitos enunciados nesta Lei aplicam-se a todas as crianças e adolescentes, sem discriminação de nascimento, situação familiar, **idade**, sexo, raça, etnia

---

43 ASSEMBLEIA GERAL DAS NAÇÕES UNIDAS. Decreto Nº 99.710, de 21 de novembro de 1990. Promulga a Convenção sobre os Direitos da Criança.

44 BRASIL. Lei no 10.406, de 10 de janeiro de 2002. Institui o Código Civil.

45 BRASIL. Lei Nº 8.069 de 13 de julho de 1990. Dispõe sobre o Estatuto da Criança e do adolescente e dá outras providências.

ou cor, religião ou crença, deficiência, condição pessoal de desenvolvimento e aprendizagem, condição econômica, ambiente social, região e local de moradia ou outra condição que diferencie as pessoas, as famílias ou a comunidade em que vivem. (Grifo nosso)

O Artigo 100, parágrafo único, e incisos I, II e III do ECA[46] é ainda mais claro em relação à condição de sujeito de direitos das crianças ao determinar expressamente:

> Art. 100. (...) Parágrafo único. São também princípios que regem a aplicação das medidas: I - condição da criança e do adolescente como sujeitos de direitos: crianças e adolescentes são os titulares dos direitos previstos nesta e em outras Leis, bem como na Constituição Federal;

Não é outro o entendimento do Estatuto da Primeira Infância, implementado pela Lei nº 13.257, de 8 de março de 2016,[47] determinando em seu Artigo Segundo que *"Para os efeitos desta Lei, considera-se primeira infância o período que abrange os primeiros 6 (seis) anos completos ou 72 (setenta e dois) meses de vida da criança."*. Nota-se que a lei não menciona o período em que se inicia a consideração do indivíduo como ser humano, mas deixa claro que a primeira infância abrange os primeiros seis anos completos da criança. À toda criança é assegurado ainda, explicitamente, a condição de sujeito de direitos, conforme Artigo 4º, inciso I:

> Art. 4º. As políticas públicas voltadas ao atendimento dos direitos da criança na primeira infância serão elaboradas e executadas de forma a:
>
> I - atender ao interesse superior da criança e à sua condição de sujeito de direitos e de cidadã;

---

[46] Estatuto da Criança e do Adolescente. BRASIL. Lei Nº 8.069 de 13 de julho de 1990. Dispõe sobre o Estatuto da Criança e do adolescente e dá outras providências.

[47] BRASIL. Lei Nº 13.257, de 8 de março de 2016. Dispõe sobre as políticas públicas para a primeira infância (...).

Ora, se deve ser respeitada a vida desde a concepção, uma vez concebido, o indivíduo se torna sujeito de direitos,[48] ao menos em condição de ser humano em potencial, devendo lhe ser garantido – ressalvadas as fatalidades naturais sem intervenção médica possível – o acesso à um sistema social de saúde e atendimento assistencial de qualidade, que assegure o nascimento com vida. Neste sentido, o desrespeito e descaso quanto aos meios para que este sujeito de direitos chegue a nascer com vida também constituem negligência em relação à primeira infância. Isto ainda significa dizer que, desde a concepção do indivíduo, nasce para o Estado, a família, e a sociedade o dever de assegurar primeiramente seu direito à vida – sem o qual não há bem jurídico a ser tutelado, e por isto, inerentes os direitos à segurança e integridade. Este direito à vida, por sua vez, deve estar acompanhado do princípio da dignidade, pois todo e qualquer ser humano merece nada menos que uma vida digna.

A respeito deste tema, André de Carvalho Ramos pondera que o conceito de dignidade se diferencia dos demais direitos por lhes conferir *"conteúdo ético"*, sendo, portanto, um princípio fundamental, não apenas um *"aspecto particular da existência"* como os demais direitos, mas uma qualidade ou valor inerente ao ser humano que o diferencia de todos os demais seres e objetos existentes. Para Ramos há dois elementos na composição do conceito de dignidade, quais sejam o elemento negativo de proibição a qualquer tratamento degradante ou ofensivo, e o positivo, que se revela no mínimo existencial

---

48 A única ressalva possível ao direito à vida e demais direitos do indivíduo decorrentes de sua concepção está no direito à liberdade da mulher, também vastamente assegurado no Ordenamento Jurídico internacional e nacional. Porém, cabível destacar neste ponto que esta obra não pretende aprofundar questões relacionadas à legalidade do aborto, porquanto tal temática ainda é alvo de discussão na jurisprudência brasileira, requerendo maior espaço e enfoque para defesa, tendo em vista que trata de direitos de igual relevância: a liberdade da mulher e o direito à vida do feto. Assim, esta obra se limitará a abordar o direito à vida do feto a partir da decisão de continuidade da gravidez pela mulher.

de cada ser humano, sendo este último relacionado aos princípios da igualdade, integridade física e psíquica, liberdade e a solidariedade, conforme Ramos *apud* Maria Celina Bodin de Moraes. Este princípio gera para o Estado os deveres de respeito (limitando a ação estatal ao respeito à dignidade humana) e de garantia (devendo o Estado promover a dignidade humana *"por meio do fornecimento de condições materiais ideais para seu florescimento"*).[49]

Neste ponto, cumpre salientar que o conceito de dignidade que se pretende tratar está relacionado à existência humana estruturada com os meios necessários para lhe proporcionar o pleno desenvolvimento de suas capacidades em todos os aspectos, quer sejam físicos, emocionais, psíquicos, intelectuais ou sociais. Em outras palavras, está em tela o direito à uma vida digna, com o mínimo existencial garantido.

Resta exposto, portanto, o rol de direitos proposto, quais sejam os direitos à vida, à dignidade – e nesta trabalhado o aspecto do pleno desenvolvimento da pessoa humana –, à integridade e segurança, e por fim, à liberdade. Todos estes direitos são amplamente assegurados a todo ser humano pela legislação brasileira, bem como pelo ordenamento jurídico internacional, conforme se verá.

A Declaração Universal dos Direitos Humanos[50] prevê em seus Artigos 3º, 5º, 13.1, 22, 25.1 e 29,1, os direitos direito à vida, à dignidade, à segurança, e à liberdade:

> Artigo 3. Todo ser humano tem direito à vida, à liberdade e à segurança pessoal.
>
> Artigo 5. Ninguém será submetido à tortura, nem a tratamento ou castigo cruel, desumano ou degradante.
>
> Artigo 13. 1. Todo ser humano tem direito à liberdade de locomoção e residência dentro das fronteiras de cada Estado. (...).

---

[49] RAMOS, André de Carvalho. **Curso de Direitos Humanos**. 2017, p. 76-77.

[50] ASSEMBLEIA GERAL DAS NAÇÕES UNIDAS. Declaração Universal dos Direitos Humanos, 1948. Disponível em: https://www.ohchr.org/EN/UDHR/Pages/Language.aspx?LangID=por. Acesso em 31.09.2018.

Artigo 22. Todo ser humano, como membro da sociedade, tem direito à segurança social, à realização pelo esforço nacional, pela cooperação internacional e de acordo com a organização e recursos de cada Estado, dos direitos econômicos, sociais e culturais indispensáveis à sua dignidade e ao livre desenvolvimento da sua personalidade.

Artigo 25. 1. Todo ser humano tem direito a um padrão de vida capaz de assegurar a si e à sua família saúde, bem-estar, inclusive alimentação, vestuário, habitação, cuidados médicos e os serviços sociais indispensáveis e direito à segurança em caso de desemprego, doença invalidez, viuvez, velhice ou outros casos de perda dos meios de subsistência em circunstâncias fora de seu controle.

Artigo 29. 1. Todo ser humano tem deveres para com a comunidade, na qual o livre e pleno desenvolvimento de sua personalidade é possível.

O Pacto Internacional sobre Direitos Civis e Políticos,[51] além de apontar em seu preâmbulo a dignidade como valor inerente à toda pessoa humana, também prevê igualmente os direitos à vida e liberdade a todas as pessoas:

ARTIGO 6. 1. O direito à vida é inerente à pessoa humana. Esse direito deverá ser protegido pela lei. Ninguém poderá ser arbitrariamente privado de sua vida. (...). Artigo 9. 1. Toda pessoa tem direito à liberdade e à segurança pessoais. Ninguém poderá ser preso ou encarcerado arbitrariamente. Ninguém poderá ser privado de liberdade, salvo pelos motivos previstos em lei e em conformidade com os procedimentos nela estabelecidos. (...).

O Pacto de São José da Costa Rica (Convenção Americana sobre Direitos Humanos)[52] também determina expressamente estes direitos, aprofundando-se ainda em relação ao período anterior ao nascimento, determinando o respeito à vida de todos os seres humanos desde a sua concepção e tem redação similar

---

[51] ASSEMBLEIA GERAL DAS NAÇÕES UNIDAS. Pacto Internacional sobre Direitos Civis e Políticos de 16 de dezembro de 1966.

[52] ORGANIZAÇÃO DOS ESTADOS AMERICANOS. Decreto no 678, de 6 de novembro de 1992. Promulga a Convenção Americana sobre Direitos Humanos (Pacto de São José da Costa Rica), de 22 de novembro de 1969.

ao Diploma supracitado em relação aos direitos à integridade física, mental e psíquica (segurança), bem como à dignidade:

Artigo 4. Direito à vida. 1. Toda pessoa tem o direito de que se respeite sua vida. Esse direito deve ser protegido pela lei e, em geral, desde o momento da concepção. Ninguém pode ser privado da vida arbitrariamente. (...).

Artigo 5. Direito à integridade pessoal. 1. Toda pessoa tem o direito de que se respeite sua integridade física, psíquica e moral. 2. Ninguém deve ser submetido a torturas, nem a penas ou tratos cruéis, desumanos ou degradantes. (...).

Artigo 7º - Direito à liberdade pessoal. 1. Toda pessoa tem direito à liberdade e à segurança pessoais. 2. Ninguém pode ser privado de sua liberdade física, salvo pelas causas e nas condições previamente fixadas pelas Constituições políticas dos Estados-partes ou pelas leis de acordo com elas promulgadas. (...)

Artigo 11. Proteção da honra e da dignidade. 1. Toda pessoa tem direito ao respeito de sua honra e ao reconhecimento de sua dignidade. (...).

A Convenção sobre os direitos da Criança de 1990,[53] prevê em seu Artigo 6, que *"1. Os Estados Partes reconhecem que toda criança tem o direito inerente à vida. 2. Os Estados Partes assegurarão ao máximo a sobrevivência e o desenvolvimento da criança."*, tratando da dignidade e liberdade desde o preâmbulo do Diploma quando afirma que *"(...) Considerando que a criança deve estar plenamente preparada para uma vida independente na sociedade e deve ser educada de acordo com os ideais proclamados na Cartas das Nações Unidas, especialmente com espírito de paz,* **dignidade***, tolerância,* **liberdade***, igualdade e solidariedade;(...) (Grifo nosso)"*, combinado com o artigo 37 da mesma que trata da liberdade física da criança, e garante a segurança, integridade, dignidade e a não submissão à tratamentos cruéis ou degradantes. Por fim, a Convenção ainda reconhece o direito de toda criança à proteção e ao desenvolvimento pleno de suas capacidades:

---

53 ASSEMBLEIA GERAL DAS NAÇÕES UNIDAS. Decreto Nº 99.710, de 21 de novembro de 1990. Promulga a Convenção sobre os Direitos da Criança.

Artigo 19. 1. Os Estados Partes adotarão todas as medidas legislativas, administrativas, sociais e educacionais apropriadas para proteger a criança contra todas as formas de violência física ou mental, abuso ou tratamento negligente, maus tratos ou exploração, inclusive abuso sexual, enquanto a criança estiver sob a custódia dos pais, do representante legal ou de qualquer outra pessoa responsável por ela. (...).

Artigo 27. 1. Os Estados Partes reconhecem o direito de toda criança a um nível de vida adequado ao seu desenvolvimento físico, mental, espiritual, moral e social. 2. Cabe aos pais, ou a outras pessoas encarregadas, a responsabilidade primordial de propiciar, de acordo com suas possibilidades e meios financeiros, as condições de vida necessárias ao desenvolvimento da criança. 3. Os Estados Partes, de acordo com as condições nacionais e dentro de suas possibilidades, adotarão medidas apropriadas a fim de ajudar os pais e outras pessoas responsáveis pela criança a tornar efetivo esse direito e, caso necessário, proporcionarão assistência material e programas de apoio, especialmente no que diz respeito à nutrição, ao vestuário e à habitação. 4. Os Estados Partes tomarão todas as medidas adequadas para assegurar o pagamento da pensão alimentícia por parte dos pais ou de outras pessoas financeiramente responsáveis pela criança, quer residam no Estado Parte quer no exterior. Nesse sentido, quando a pessoa que detém a responsabilidade financeira pela criança residir em Estado diferente daquele onde mora a criança, os Estados Partes promoverão a adesão a acordos internacionais ou a conclusão de tais acordos, bem como a adoção de outras medidas apropriadas.

A Constituição da República Federativa do Brasil[54] também zela pelos direitos ora elencados, especialmente nos artigos 1º, *caput* e inciso III, 5º, *caput* e inciso III, 226 *caput* e parágrafo 8º, e 227 abaixo transcritos:

Art. 1º A República Federativa do Brasil, formada pela união indissolúvel dos Estados e Municípios e do Distrito Federal, constitui-se em Estado Democrático de Direito e tem como fundamentos: (...); III - a dignidade da pessoa humana; (...).

---

54 Constituição da República Federativa do Brasil.

Art. 5º Todos são iguais perante a lei, sem distinção de qualquer natureza, garantindo-se aos brasileiros e aos estrangeiros residentes no País a inviolabilidade do direito à vida, à liberdade, à igualdade, à segurança e à propriedade, nos termos seguintes: (...); III - ninguém será submetido a tortura nem a tratamento desumano ou degradante; (...).

Art. 226. A família, base da sociedade, tem especial proteção do Estado. (...). § 8º O Estado assegurará a assistência à família na pessoa de cada um dos que a integram, criando mecanismos para coibir a violência no âmbito de suas relações. (...).

Art. 227. É dever da família, da sociedade e do Estado assegurar à criança, ao adolescente e ao jovem, com absoluta prioridade, o direito à vida, à saúde, à alimentação, à educação, ao lazer, à profissionalização, à cultura, à dignidade, ao respeito, à liberdade e à convivência familiar e comunitária, além de colocá-los a salvo de toda forma de negligência, discriminação, exploração, violência, crueldade e opressão. § 1º O Estado promoverá programas de assistência integral à saúde da criança, do adolescente e do jovem, admitida a participação de entidades não governamentais, mediante políticas específicas e obedecendo aos seguintes preceitos: (...). § 4º A lei punirá severamente o abuso, a violência e a exploração sexual da criança e do adolescente. (...).

Ressalta-se que a Constituição[55] determina o compromisso do Estado em proteger de forma especial a família, no sentido assistencial e de proibição da violência, e em seguida, no Artigo 227, atribui à família, à sociedade e ao Estado a obrigação de zelar de forma prioritária pelos direitos das crianças à vida, liberdade, dignidade e segurança, e não menos importante, ao direito de estar a salvo de toda forma de negligência.

O Estatuto da Criança e do Adolescente[56] também põe a salvo os mesmos direitos até então tratados, especialmente nos Artigos 3º, 4º, 5º, 7º, 15 a19, 70, 70A, 98, e 100, parágrafo único, incisos II e III, dentre os quais está determinado, de forma resumida, no Artigo 3º que a criança goza de *"todos os direitos*

---

55 Constituição da República Federativa do Brasil.
56 BRASIL. Lei Nº 8.069 de 13 de julho de 1990. Dispõe sobre o Estatuto da Criança e do adolescente e dá outras providências.

fundamentais inerentes à pessoa humana, sem prejuízo da proteção integral de que trata esta Lei, assegurando-se-lhes, por lei ou por outros meios, todas as oportunidades e facilidades, a fim de lhes facultar o desenvolvimento físico, mental, moral, espiritual e social, em condições de liberdade e de dignidade.", sendo prioridade da família, da comunidade, da sociedade em geral, bem como do poder público a efetivação dos direitos à vida, dignidade, e liberdade, dentre outros direitos, de acordo com o Artigo 4º, e ainda, reforçando os mesmos direitos nos artigos seguintes:

> Art. 5º Nenhuma criança ou adolescente será objeto de qualquer forma de negligência, discriminação, exploração, violência, crueldade e opressão, punido na forma da lei qualquer atentado, por ação ou omissão, aos seus direitos fundamentais.
>
> Art. 7º A criança e o adolescente têm direito a proteção à vida e à saúde, mediante a efetivação de políticas sociais públicas que permitam o nascimento e o desenvolvimento sadio e harmonioso, em condições dignas de existência.
>
> Art. 15. A criança e o adolescente têm direito à liberdade, ao respeito e à dignidade como pessoas humanas em processo de desenvolvimento e como sujeitos de direitos civis, humanos e sociais garantidos na Constituição e nas leis.
>
> Art. 16. O direito à liberdade compreende os seguintes aspectos: I - ir, vir e estar nos logradouros públicos e espaços comunitários, ressalvadas as restrições legais; (...)
>
> Art. 17. O direito ao respeito consiste na inviolabilidade da integridade física, psíquica e moral da criança e do adolescente, abrangendo a preservação da imagem, da identidade, da autonomia, dos valores, idéias e crenças, dos espaços e objetos pessoais.
>
> Art. 18. É dever de todos velar pela dignidade da criança e do adolescente, pondo-os a salvo de qualquer tratamento desumano, violento, aterrorizante, vexatório ou constrangedor.
>
> Art. 70. É dever de todos prevenir a ocorrência de ameaça ou violação dos direitos da criança e do adolescente.
>
> Art. 98. As medidas de proteção à criança e ao adolescente são aplicáveis sempre que os direitos reconhecidos nesta Lei forem ameaçados ou violados:

> I - por ação ou omissão da sociedade ou do Estado; II - por falta, omissão ou abuso dos pais ou responsável; III - em razão de sua conduta.
>
> Art. 100. (...) Parágrafo único. São também princípios que regem a aplicação das medidas: II - proteção integral e prioritária: a interpretação e aplicação de toda e qualquer norma contida nesta Lei deve ser voltada à proteção integral e prioritária dos direitos de que crianças e adolescentes são titulares; III - responsabilidade primária e solidária do poder público: a plena efetivação dos direitos assegurados a crianças e a adolescentes por esta Lei e pela Constituição Federal, salvo nos casos por esta expressamente ressalvados, é de responsabilidade primária e solidária das 3 (três) esferas de governo, sem prejuízo da municipalização do atendimento e da possibilidade da execução de programas por entidades não governamentais; IV - interesse superior da criança e do adolescente: a intervenção deve atender prioritariamente aos interesses e direitos da criança e do adolescente, sem prejuízo da consideração que for devida a outros interesses legítimos no âmbito da pluralidade dos interesses presentes no caso concreto;

Não é outro o entendimento do Estatuto da Primeira Infância,[57] em seus artigos 3º, 12, e 13:

> Art. 3º. A prioridade absoluta em assegurar os direitos da criança, do adolescente e do jovem, nos termos do art. 227 da Constituição Federal e do art. 4º da Lei nº 8.069, de 13 de julho de 1990, implica o dever do Estado de estabelecer políticas, planos, programas e serviços para a primeira infância que atendam às especificidades dessa faixa etária, visando a garantir seu desenvolvimento integral.
>
> Art. 12. A sociedade participa solidariamente com a família e o Estado da proteção e da promoção da criança na primeira infância, nos termos do caput e do § 7º do art. 227, combinado com o inciso II do art. 204 da Constituição Federal, entre outras formas: I - formulando políticas e controlando ações, por meio de organizações representativas; II - integrando conselhos, de forma paritária com representantes governamentais, com

---

[57] BRASIL. Lei Nº 13.257, de 8 de março de 2016. Dispõe sobre as políticas públicas para a primeira infância (...).

funções de planejamento, acompanhamento, controle social e avaliação; III - executando ações diretamente ou em parceria com o poder público; IV - desenvolvendo programas, projetos e ações compreendidos no conceito de responsabilidade social e de investimento social privado; V - criando, apoiando e participando de redes de proteção e cuidado à criança nas comunidades; VI - promovendo ou participando de campanhas e ações que visem a aprofundar a consciência social sobre o significado da primeira infância no desenvolvimento do ser humano.

Art. 13. A União, os Estados, o Distrito Federal e os Municípios apoiarão a participação das famílias em redes de proteção e cuidado da criança em seus contextos sociofamiliar e comunitário visando, entre outros objetivos, à formação e ao fortalecimento dos vínculos familiares e comunitários, com prioridade aos contextos que apresentem riscos ao desenvolvimento da criança.

Neste ponto, resta cabalmente comprovada a condição de sujeito de direitos de toda criança, bem como o dever do Estado, das famílias, e da sociedade como um todo em garantir a defesa e efetividade dos direitos das crianças, especialmente os direitos abordados, os quais frisa-se novamente: vida, dignidade, integridade (segurança), e liberdade. Especificamente em relação ao direito à liberdade, em seus aspectos físico, intelectual, de expressão, associação, dentre outros, é notável que esta obra deu enfoque à liberdade de locomoção ou física, que é claramente limitada em situações de encarceramento materno. O que nos direciona ao último recorte relacionado ao direito à liberdade na infância, especialmente em situação de encarceramento da mãe.

CAPÍTULO 3

3.1. NEGLIGÊNCIA EM RELAÇÃO AOS FILHOS DE MULHERES ENCARCERADAS NO BRASIL E A VIOLAÇÃO DO DIREITO À LIBERDADE DESTAS CRIANÇAS

A partir da definição já dada à negligência como falha dos responsáveis em prover as necessidades básicas da criança relacionadas a uma enorme gama de direitos, em especial aos direitos ora tratados, ou seja, a negligência enquanto abandono ou ausência de afeto, de cuidados, especialmente relacionados aos direitos à vida, dignidade, segurança e liberdade, é possível elencar diversas situações que servem de pano de fundo a inúmeros casos de negligência na primeira infância, por exemplo, i) a ausência de suporte do Estado à maternidade, em especial no período de gestação, parto e pós-parto, conforme anteriormente mencionado no Capítulo Primeiro, bem como de ii) falta de assistência e provisionamento às famílias carentes para oferecer meios de aquisição de artigos de higiene, nutrição, lazer, em especial em relação à crianças com necessidades especiais e deficiências físicas e psíquicas, e ainda em relação à iii) ausência de uma assistência adequada e eficaz às crianças em situação de rua, e em instituições de abrigo provisório, dentre outros. Todavia, não menos importante é a situação de negligência na primeira infância que se pretende dar enfoque, qual seja aquela em que se encontram os filhos de mulheres encarceradas nas penitenciárias brasileiras, porque extirpa todos os direitos até então abordados.

O Ordenamento Jurídico brasileiro e internacional dispõe claramente sobre a proteção especial da maternidade e da infância, bem como a defesa de todo e qualquer indivíduo contra a prisão arbitrária, a iniciar-se com a Declaração Universal dos Direitos Humanos[58] em seus Artigos 9º e 25.2, respectivamente: *"Artigo 9. Ninguém será arbitrariamente preso, detido ou exilado. (...). Artigo 25.2. A maternidade e a infância têm direito a cuidados e assistência especiais. (...)"*, e de forma similar, o Pacto Internacional de Direitos Civis e Políticos,[59] que em seus artigos 9º e 24 supramencionados no Capítulo Segundo desta obra garantem o direito à liberdade e determinam a proteção especial à infância.

É o mesmo entendimento da Convenção Americana de Direitos Humanos,[60] em seus Artigos 5.3, 7.3, e 19: *"Artigo 5º - Direito à integridade pessoal. (...) 3. A pena não pode passar da pessoa do delinquente. (...)", Artigo 7º - Direito à liberdade pessoal. (...) 3. Ninguém pode ser submetido a detenção ou encarceramento arbitrários. (...)"*, e *"Artigo 19 - Direitos da criança. Toda criança tem direito às medidas de proteção que a sua condição de menor requer por parte da sua família, da sociedade e do Estado."*, assim como da Convenção sobre os Direitos da Criança,[61] em seus Artigos 3.1, 7.1, 9, 18.1, 20.1, 24 e 37 que, dada a relevância de sua redação altamente esclarecedora, seguem abaixo em sua integralidade:

> Artigo 3. 1. Todas as ações relativas às crianças, levadas a efeito por instituições públicas ou privadas de bem estar social, tribunais, autoridades administrativas ou órgãos legislativos, devem considerar, primordialmente, o **interesse maior da criança**. (...) (Grifo nosso)

---

[58] ASSEMBLEIA GERAL DAS NAÇÕES UNIDAS. Declaração Universal dos Direitos Humanos, 1948. Disponível em: https://www.ohchr.org/EN/UDHR/Pages/Language.aspx?LangID=por. Acesso em 31.09.2018.

[59] ASSEMBLEIA GERAL DAS NAÇÕES UNIDAS. Pacto Internacional sobre Direitos Civis e Políticos de 16 de dezembro de 1966.

[60] ORGANIZAÇÃO DOS ESTADOS AMERICANOS. Decreto no 678, de 6 de novembro de 1992. Promulga a Convenção Americana sobre Direitos Humanos (Pacto de São José da Costa Rica), de 22 de novembro de 1969.

[61] ASSEMBLEIA GERAL DAS NAÇÕES UNIDAS. Decreto Nº 99.710, de 21 de novembro de 1990. Promulga a Convenção sobre os Direitos da Criança.

Artigo 7. 1. A criança será registrada imediatamente após seu nascimento e terá direito, desde o momento em que nasce, a um nome, a uma nacionalidade e, na medida do possível, a **conhecer seus pais e a ser cuidada por eles.** (Grifo nosso)

Artigo 9. 1. Os Estados Partes deverão zelar para que **a criança não seja separada dos pais contra a vontade dos mesmos**, exceto quando, sujeita à revisão judicial, as autoridades competentes determinarem, em conformidade com a lei e os procedimentos legais cabíveis, que **tal separação é necessária ao interesse maior da criança.** Tal determinação pode ser necessária em casos específicos, por exemplo, nos casos em que a criança sofre maus tratos ou descuido por parte de seus pais ou quando estes vivem separados e uma decisão deve ser tomada a respeito do local da residência da criança. 2. Caso seja adotado qualquer procedimento em conformidade com o estipulado no parágrafo 1 do presente artigo, todas as partes interessadas terão a oportunidade de participar e de manifestar suas opiniões. 3. **Os Estados Partes respeitarão o direito da criança que esteja separada de um ou de ambos os pais de manter regularmente relações pessoais e contato direto com ambos, a menos que isso seja contrário ao interesse maior da criança.** 4. **Quando essa separação ocorrer em virtude de uma medida adotada por um Estado Parte, tal como detenção, prisão,** exílio, deportação ou morte (inclusive falecimento decorrente de qualquer causa enquanto a pessoa estiver sob a custódia do Estado) **de um dos pais da criança, ou de ambos, ou da própria criança, o Estado Parte, quando solicitado, proporcionará aos pais, à criança ou, se for o caso, a outro familiar, informações básicas a respeito do paradeiro do familiar ou familiares ausentes, a não ser que tal procedimento seja prejudicial ao bem-estar da criança.** Os Estados Partes se certificarão, além disso, de que a apresentação de tal petição não acarrete, por si só, consequências adversas para a pessoa ou pessoas interessadas. (Grifo nosso)

Artigo 18. 1. Os Estados Partes envidarão os seus melhores esforços a fim de assegurar o reconhecimento do princípio de que ambos os pais têm obrigações comuns com relação à educação e ao desenvolvimento da criança. Caberá aos pais ou, quando for o caso, aos representantes legais, a responsabilidade primordial pela educação e pelo desenvolvimento da criança. Sua preocupação fundamental visará ao interesse maior da criança. (...).

Artigo 20. 1. **As crianças privadas temporária ou permanentemente do seu meio familiar,** ou cujo interesse maior exija que não permaneçam nesse meio, terão direito à proteção e assistência especiais do Estado. 2. Os Estados Partes garantirão, de acordo com suas leis nacionais, **cuidados alternativos para essas crianças.** (...). (Grifo nosso).

Artigo 24. 1. Os Estados Partes reconhecem o direito da criança de gozar do **melhor padrão possível de saúde** e dos serviços destinados ao tratamento das doenças e à recuperação da saúde. Os Estados Partes envidarão esforços no sentido de assegurar que nenhuma criança se veja privada de **seu direito de usufruir desses serviços sanitários.** 2. Os Estados Partes garantirão a plena aplicação desse direito e, em especial, adotarão as medidas apropriadas com vistas a:

a) **reduzir a mortalidade infantil;**

b) **assegurar a prestação de assistência médica e cuidados sanitários necessários a todas as crianças,** dando ênfase aos cuidados básicos de saúde;

c) **combater as doenças e a desnutrição** dentro do contexto dos cuidados básicos de saúde mediante, inter alia, a aplicação de tecnologia disponível e o fornecimento de alimentos nutritivos e de água potável, tendo em vista os perigos e riscos da poluição ambiental;

d) **assegurar às mães adequada assistência pré-natal e pós-natal;**

e) assegurar que todos os setores da sociedade, e em especial os pais e as crianças, conheçam os princípios básicos de saúde e nutrição das crianças, **as vantagens da amamentação, da higiene e do saneamento ambiental e das medidas de prevenção de acidentes,** e tenham acesso à educação pertinente e recebam apoio para a aplicação desses conhecimentos;

f) desenvolver a assistência médica preventiva, a orientação aos pais e a educação e serviços de planejamento familiar.

3. Os Estados Partes adotarão todas as medidas eficazes e adequadas para abolir práticas tradicionais que sejam prejudiciais à saúde da criança. 4. Os Estados Partes se comprometem a promover e incentivar a cooperação internacional com vistas a lograr, progressivamente, a plena efetivação do direito reconhecido no presente artigo. Nesse sentido, será dada atenção especial às necessidades dos países em desenvolvimento. (Grifo nosso).

Artigo 37. Os Estados Partes zelarão para que:

a) nenhuma criança seja submetida a tortura nem a outros tratamentos ou penas cruéis, desumanos ou degradantes. Não será imposta a pena de morte nem a prisão perpétua sem possibilidade de livramento por delitos cometidos por menores de dezoito anos de idade;

b) **nenhuma criança seja privada de sua liberdade de forma ilegal ou arbitrária.** A detenção, a reclusão ou a prisão de uma criança será efetuada em conformidade com a lei e apenas como último recurso, e durante o mais breve período de tempo que for apropriado;

c) **toda criança privada da liberdade seja tratada com a humanidade e o respeito que merece a dignidade inerente à pessoa humana, e levando-se em consideração as necessidades de uma pessoa de sua idade.** Em especial, toda criança privada de sua liberdade ficará separada dos adultos, a não ser que tal fato seja considerado contrário aos melhores interesses da criança, e terá direito a manter contato com sua família por meio de correspondência ou de visitas, salvo em circunstâncias excepcionais;

d) **toda criança privada de sua liberdade tenha direito a rápido acesso a assistência jurídica e a qualquer outra assistência adequada,** bem como direito a impugnar a legalidade da privação de sua liberdade perante um tribunal ou outra autoridade competente, independente e imparcial e a uma rápida decisão a respeito de tal ação. (Grifo nosso).

A maternidade tem amparo especial também na Convenção Interamericana para Prevenir, Punir e Erradicar a Violência Contra a Mulher (Convenção de Belém do Pará), adotada em Belém do Pará, Brasil, em 9 de junho de 1994 através do Decreto nº 1.973, de 1º de agosto de 1996,[62] no capítulo ter-

---

62 ORGANIZAÇÃO DOS ESTADOS AMERICANOS. Decreto nº 1.973, de 1º de agosto de 1996. Promulga a Convenção Interamericana para Prevenir, Punir e Erradicar a Violência contra a Mulher, concluída em Belém do Pará, em 9 de junho de 1994.

ceiro que trata da condenação de todas as formas de violência contra a mulher e obrigação dos Estados Partes de efetivar medidas que erradiquem a violência contra a mulher:

> Artigo 9. **Para a adoção das medidas a que se refere este capítulo, os Estados Partes levarão especialmente em conta a situação da mulher vulnerável à violência** por sua raça, origem étnica ou condição de migrante, de refugiada ou de deslocada, entre outros motivos. **Também será considerada sujeitada a violência a gestante**, deficiente, menor, idosa ou em situação sócio-econômica desfavorável, afetada por situações de conflito armado **ou de privação da liberdade.** (Grifo nosso)

A Convenção para Eliminação de Todas as Formas de Discriminação Contra a Mulher, promulgada pelo Decreto nº 4.377, de 13 de setembro de 2002,[63] ainda prevê em seu preâmbulo e em seu Artigo 5º a proteção da maternidade enquanto função social, e a não discriminação em relação à gravidez ou maternidade (que dificulta o acesso ao mercado de trabalho e tem sido causa de imersão na criminalidade a muitas mulheres brasileiras, gerando o afastamento dos filhos ainda na primeira infância, o que é em extremo prejudicial à criança, conforme já apontado no Capítulo Primeiro), sendo ainda devida a assistência adequada em relação à gravidez:

> Artigo 5º – Os Estados-partes tomarão todas as medidas apropriadas para: 1 – modificar os padrões socioculturais de conduta de homens e mulheres, com vistas a alcançar a eliminação de preconceitos e práticas consuetudinárias e de qualquer outra índole que estejam baseados na ideia da inferioridade ou superioridade de qualquer dos sexos ou em funções estereotipadas de homens e mulheres. 2 – garantir que a educação familiar inclua uma **compreensão adequada da maternidade como função social** e o reconhecimento da responsabilidade comum de homens e mulheres, no que diz respeito à educação e ao desenvolvimento de seus filhos, entendendo-se que o interesse dos filhos constituirá a consideração primordial em todos os casos. (Grifo nosso).

---

[63] ASSEMBLEIA GERAL DAS NAÇÕES UNIDAS. Decreto nº 4.377, de 13 de setembro de 2002. Promulga a Convenção sobre a Eliminação de Todas as Formas de Discriminação contra a Mulher, de 1979, e revoga o Decreto no 89.460, de 20 de março de 1984.

Artigo 11. (...) 2. **A fim de impedir a discriminação contra a mulher por razões de casamento ou maternidade e assegurar a efetividade de seu direito a trabalhar**, os Estados-partes tomarão as medidas adequadas para: a – proibir, sob sanções, a **demissão por motivo de gravidez ou de licença-maternidade** e a discriminação nas demissões motivadas pelo estado civil; b – implantar a licença-maternidade, com salário pago ou benefícios sociais comparáveis, sem perda do emprego anterior, antiguidade ou benefícios sociais; c – estimular o fornecimento de serviços sociais de apoio necessários para permitir que os pais combinem as obrigações para com a família com as responsabilidades do trabalho e a participação na vida pública, especialmente mediante o fomento da criação e desenvolvimento de uma rede de serviços destinada ao cuidado das crianças; d – **dar proteção especial às mulheres durante a gravidez nos tipos de trabalho comprovadamente prejudiciais a elas.** (...). (Grifo nosso).

Artigo 12 – 1. Os Estados-partes adotarão todas as medidas apropriadas para eliminar a discriminação contra a mulher na esfera dos cuidados médicos, a fim de assegurar, em condições de igualdade entre homens e mulheres, o acesso a serviços médicos, inclusive referentes ao planejamento familiar. 2. **Sem prejuízo do disposto no parágrafo 1º, os Estados-partes garantirão à mulher assistência apropriada em relação à gravidez, ao parto e ao período posterior ao parto, proporcionando assistência gratuita quando assim for necessário, e lhe assegurarão uma nutrição adequada durante a gravidez e a lactância.** (Grifo nosso).

Entendendo a função social da maternidade e seus impactos na infância, a Constituição da República Federativa do Brasil também prevê em seu artigo 6º a proteção à maternidade e à infância, bem como incorpora a redação dos instrumentos internacionais em relação à pena que é devida somente em relação ao condenado, e a proteção especial da infância em relação ao aleitamento materno em situação de detenção:

> Artigo 5º. (...) XLV - nenhuma pena passará da pessoa do condenado, podendo a obrigação de reparar o dano e a decretação do perdimento de bens ser, nos termos da lei, estendidas aos sucessores e contra eles executadas, até o limite do valor do patrimônio transferido; (...) XLIX - é assegurado aos presos o respeito à integridade física e moral; (...) L - **às presidiárias serão asse-**

guradas condições para que possam permanecer com seus filhos durante o período de amamentação; LIV - ninguém será privado da liberdade ou de seus bens sem o devido processo legal; (...) LXVI - ninguém será levado à prisão ou nela mantido, quando a lei admitir a liberdade provisória, com ou sem fiança; (Grifo nosso).

O Estatuto da Criança e do Adolescente[64] também tem previsões específicas acerca da proteção especial à infância, inclusive em casos de aprisionamento da mãe, bem como o acompanhamento adequado da mulher durante a gestação, com assistência médica hospitalar e psicológica. Ressalta-se que algumas determinações foram incluídas pelo recente Estatuto da Primeira Infância (Lei 13.257 de 2016):[65]

> Art. 6º Na interpretação desta Lei levar-se-ão em conta os fins sociais a que ela se dirige, as exigências do bem comum, os direitos e deveres individuais e coletivos, e a condição peculiar da criança e do adolescente como pessoas em desenvolvimento.
>
> Art. 8º. É assegurado a todas as mulheres o acesso aos programas e às políticas de saúde da mulher e de planejamento reprodutivo e, às gestantes, nutrição adequada, atenção humanizada à gravidez, ao parto e ao puerpério e atendimento pré-natal, perinatal e pós-natal integral no âmbito do Sistema Único de Saúde. (Redação dada pela Lei nº 13.257, de 2016)
>
> § 1º. O atendimento pré-natal será realizado por profissionais da atenção primária. (Redação dada pela Lei nº 13.257, de 2016)
>
> § 2º. Os profissionais de saúde de referência da gestante garantirão sua vinculação, no último trimestre da gestação, ao estabelecimento em que será realizado o parto, garantido o direito de opção da mulher. (Redação dada pela Lei nº 13.257, de 2016)
>
> § 3º. Os serviços de saúde onde o parto for realizado assegurarão às mulheres e aos seus filhos recém-nascidos alta hospitalar responsável e contra referência na atenção primária, bem como

---

64 BRASIL. Lei Nº 8.069 de 13 de julho de 1990. Dispõe sobre o Estatuto da Criança e do adolescente e dá outras providências.

65 BRASIL. Lei Nº 13.257, de 8 de março de 2016. Dispõe sobre as políticas públicas para a primeira infância (...).

o acesso a outros serviços e a grupos de apoio à amamentação. (Redação dada pela Lei nº 13.257, de 2016)

§ 4º. Incumbe ao poder público proporcionar **assistência psicológica à gestante e à mãe, no período pré e pós-natal**, inclusive como forma de prevenir ou minorar as consequências do estado puerperal. (Grifo nosso).

§ 5º. **A assistência referida no § 4o deste artigo deverá ser prestada também a gestantes e mães que manifestem interesse em entregar seus filhos para adoção, bem como a gestantes e mães que se encontrem em situação de privação de liberdade.** (Redação dada pela Lei nº 13.257, de 2016)

§ 6º. A gestante e a parturiente têm direito a 1 (um) acompanhante de sua preferência durante o período do pré-natal, do trabalho de parto e do pós-parto imediato. (Incluído pela Lei nº 13.257, de 2016)

§ 7º. A gestante deverá receber **orientação sobre aleitamento materno**, alimentação complementar saudável e crescimento e desenvolvimento infantil, **bem como sobre formas de favorecer a criação de vínculos afetivos e de estimular o desenvolvimento integral da criança.** (Incluído pela Lei nº 13.257, de 2016)

§ 8º. A gestante tem direito a acompanhamento saudável durante toda a gestação e a parto natural cuidadoso, estabelecendo-se a aplicação de cesariana e outras intervenções cirúrgicas por motivos médicos. (Incluído pela Lei nº 13.257, de 2016)

§ 9º. A atenção primária à saúde fará a busca ativa da gestante que não iniciar ou que abandonar as consultas de pré-natal, bem como da puérpera que não comparecer às consultas pós-parto. (Incluído pela Lei nº 13.257, de 2016)

§ 10. **Incumbe ao poder público garantir, à gestante e à mulher com filho na primeira infância que se encontrem sob custódia em unidade de privação de liberdade, ambiência que atenda às normas sanitárias e assistenciais do Sistema Único de Saúde para o acolhimento do filho, em articulação com o sistema de ensino competente, visando ao desenvolvimento integral da criança.** (Incluído pela Lei nº 13.257, de 2016) (Grifo nosso).

Art. 9º O poder público, **as instituições** e os empregadores **propiciarão condições adequadas ao aleitamento materno, inclusive aos filhos de mães submetidas a medida privativa de liberdade.** (Grifo nosso).

§ 1º. Os profissionais das unidades primárias de saúde desenvolverão ações sistemáticas, individuais ou coletivas, visando ao planejamento, à implementação e à avaliação de ações de promoção, proteção e apoio ao aleitamento materno e à alimentação complementar saudável, de forma contínua. (Incluído pela Lei nº 13.257, de 2016)

§ 2º. Os serviços de unidades de terapia intensiva neonatal deverão dispor de banco de leite humano ou unidade de coleta de leite humano.

Art. 19. **É direito da criança e do adolescente ser criado e educado no seio de sua família e, excepcionalmente, em família substituta, assegurada a convivência familiar e comunitária, em ambiente que garanta seu desenvolvimento integral.** (...) § 4º **Será garantida a convivência da criança e do adolescente com a mãe ou o pai privado de liberdade,** por meio de visitas periódicas promovidas pelo responsável ou, nas hipóteses de acolhimento institucional, pela entidade responsável, independentemente de autorização judicial. (Grifo nosso).

Além das alterações no ECA[66] visando a proteção à primeira infância em situações de encarceramento materno, o Estatuto da Primeira Infância[67] também determina em seu Artigo 14, parágrafo 3º, a obrigatoriedade de articulação entre os programas governamentais para o fim de orientar a maternidade sobre o aleitamento materno, a formação e consolidação de vínculos afetivos, e o estímulo adequado para o desenvolvimento integral da criança:

Art. 14. As políticas e programas governamentais de apoio às famílias, incluindo as visitas domiciliares e os programas de pro-

---

[66] Estatuto da Criança e do Adolescente. BRASIL. Lei Nº 8.069 de 13 de julho de 1990. Dispõe sobre o Estatuto da Criança e do Adolescente e dá outras providências.

[67] BRASIL. Lei Nº 13.257, de 8 de março de 2016. Dispõe sobre as políticas públicas para a primeira infância (...).

moção da paternidade e maternidade responsáveis, buscarão a articulação das áreas de saúde, nutrição, educação, assistência social, cultura, trabalho, habitação, meio ambiente e direitos humanos, entre outras, com vistas ao desenvolvimento integral da criança. (...) § 3o As gestantes e as famílias com crianças na primeira infância deverão receber **orientação e formação sobre maternidade e paternidade responsáveis, aleitamento materno, alimentação complementar saudável, crescimento e desenvolvimento infantil integral, prevenção de acidentes e educação sem uso de castigos físicos, nos termos da Lei no 13.010, de 26 de junho de 2014, com o intuito de favorecer a formação e a consolidação de vínculos afetivos e estimular o desenvolvimento integral na primeira infância.** (Grifo nosso)

A Lei de Execução Penal (Lei nº 7.210, de 11 de julho de 1984)[68] também prevê em seu artigo 82, parágrafo 2º, o aleitamento materno por, no mínimo, 06 meses de idade, e ainda, há a previsão de substituição da prisão preventiva por domiciliar quando o agente for gestante ou mulher com filho de até 12 anos de idade incompletos, de acordo com os incisos IV e V, do Artigo 318 do Código de Processo Penal (Decreto-Lei nº 3.689, de 3 de outubro de 1941), demonstrando preocupação mínima com a dignidade da criança cuja mãe se encontra presa.

Diante desses dispositivos apresentados, é inescusável a assistência à maternidade de forma apropriada ao pleno desenvolvimento da criança, em um ambiente propício para este desenvolvimento, sendo devidos o atendimento médico e hospitalar adequados, inclusive para incentivo ao aleitamento materno, e tendo a criança direito ao convívio familiar, e ao aleitamento materno, além dos direitos à vida, dignidade, segurança e liberdade já tratados. Foi também demonstrado que o convívio com a mãe é crucial na primeira infância,[69]

---

68 BRASIL. Lei nº 7.210, de 11 de julho de 1984. Institui a Lei de Execução Penal.

69 Claramente excetuadas as hipóteses em que o maior interesse da criança justificar o contrário, como nos casos de violência da genitora contra a criança, situação esta que não deve ser simplesmente suposta em função da situação de encarceramento da mãe, e que requer medidas adequadas previstas no ordenamento jurídico interno e internacional já apresentado.

e não restam dúvidas ainda, de que a pena não deve passar da pessoa do condenado, de que nenhuma criança deve ser privada da liberdade arbitrariamente, e caso ocorra esta privação, a criança deve ter sua dignidade e desenvolvimento assegurados. Ademais, o interesse maior da criança deve ser, em todos os casos, de extrema prioridade.

Adicionadas estas disposições à realidade prisional brasileira de lotação e insalubridade, é de se concluir que o ambiente prisional não é propício, de forma alguma, ao desenvolvimento da criança e efetivação de quaisquer dos direitos até então elencados. E ainda que ignorada a realidade prisional, o sistema jurídico interno e externo proíbe a punição de terceiros pelos crimes de outrem, logo, a criança não deve ser punida juntamente com a mãe pelos crimes desta última.

Diante deste contexto, têm-se uma situação que requer especial cuidado do Poder Público em todas as esferas, uma vez que estão em tela o direito punitivo do Estado sobre a mulher infratora, e o direito da criança, nascida desta mulher encarcerada, a uma vida digna, segura e livre, com acesso ao aleitamento materno, e convívio com a mãe – essenciais ao seu pleno desenvolvimento, especialmente na primeira infância. Era de se esperar, consequentemente, que medidas alternativas fossem tomadas pelo Estado visando o maior interesse da criança, para que jamais uma criança nascesse e passasse parte de sua infância em uma penitenciária, mas não é o que mostram os dados mais recentes, que revelam, ao contrário, uma situação de negligência extremada.

Os dados do Levantamento de Informações Penitenciárias – Infopen Mulheres, 2ª edição, de 2018 – apesar de ainda contar com informações desatualizadas do Infopen 2016 –, revelam um descaso alarmante em relação aos direitos das mulheres grávidas, mulheres com filhos de até 06 anos e, consequentemente, crianças na primeira infância: em 2016, havia 42.355 mulheres privadas de sua liberdade no Brasil, sendo que 15.326 destas mulheres, ou seja, 36,18% da população carcerária feminina, pertencem ao grupo de déficit de vagas, já que há apenas 27.029 unidades prisionais adequadas entre penitenciárias femininas e mistas. O relatório informa ainda que 35,66% destas mulheres (15.104) encontram-se no estado de São Paulo, o que demonstra a significância das políticas públicas que são efetivadas nesta região.[70]

Dentre essas mulheres, 536 são gestantes e outras 350 são lactantes, e apenas 50% estão alocadas em celas adequadas à sua situação que, por todos as razões e direitos já explicitados anteriormente, requer atendimento especial. Apenas 14% das unidades prisionais femininas ou mistas possuem berçário ou centro de referência materno-infantil para bebês com até 02 anos de idade, especialmente para assegurar cuidados relacionados à amamentação, e 3% das unidades tem espaço para creche destinadas a receber crianças acima de 02 anos.[71] Não há dados completos neste relatório acerca da quantidade exata de crianças que estão se desenvolvendo, nascendo e crescendo no sistema prisional atualmente, pois foram analisados dados referentes a apenas 7% da população carcerária feminina em junho de 2016; no entanto, os poucos dados coletados já revelam números espantosos: 242 crianças de 0 a 06 meses estão encarceradas, assim como outras 142 com idade de 06 meses a 02 anos, 85 crianças com mais de 02 anos até 03 anos de idade e 642 crianças com mais de 03 anos presentes nos estabelecimentos prisionais, cumprindo penas que não lhe são devidas e tendo direitos nitidamente violados. Isto significa dizer que uma pesquisa considerando apenas 7% das mulheres presas no Brasil, em 2016, revelou 1.111 brasileiros inocentes presos.[72]

---

[70] MINISTÉRIO DA JUSTIÇA E DA SEGURANÇA PÚBLICA, DEPARTAMENTO PENITENCIÁRIO NACIONAL. **Levantamento de Informações Penitenciárias – Infopen Mulheres**, 2ª edição. p. 10, Brasília, 2018.

[71] MINISTÉRIO DA JUSTIÇA E DA SEGURANÇA PÚBLICA, DEPARTAMENTO PENITENCIÁRIO NACIONAL. opus citatum, p. 30-33.

[72] MINISTÉRIO DA JUSTIÇA E DA SEGURANÇA PÚBLICA, DEPARTAMENTO PENITENCIÁRIO NACIONAL, opus citatum, p. 50-52.

Ainda de acordo com o Infopen Mulheres 2018, em 2005,[73] a quantidade de mulheres presas no Brasil era de cerca de 12.900, número este que subiu para 42.400 em 11 anos. É no mínimo curioso que o número de encarceradas tenha aumentado de forma tão brutal a partir do mesmo período em que passou a vigorar no país a Lei nº 11.343, de 23 de agosto de 2006, também conhecida como Lei Antidrogas, em vigor desde 08 de outubro de 2006. A relação entre estes dois fatores não poderia estar mais clara quando analisada a distribuição dos crimes entre os registros das mulheres privadas de liberdade que revelam que 62% destas foram detidas por tráfico de drogas, o que significa dizer que *"3 em cada 5 mulheres que se encontram no sistema prisional respondem por crimes ligados ao tráfico"* (INFOPEN, p. 53, 2018).

Uma pesquisa realizada em 2010, com dados colhidos de dezembro de 2007 a janeiro de 2008, intitulada "Mulheres encarceradas e fatores associados a drogas e crimes"[74] revela que na maioria dos casos, as mulheres presas relatam ter sido presas por cometer o crime de tráfico para seu sustento e de sua família, ou terem participado no crime indiretamente, pela convivência com familiares que se utilizavam de sua residência para guardar ou vender drogas:

> A respeito do delito praticado, 62,4% das presas estavam envolvidas com o tráfico de drogas. Segundo os relatos, houve diferentes tipos de participações, desde o envolvimento direto com a venda de entorpecentes e carregamento de drogas no sistema prisional para ajudar seu companheiro ou familiar que se encontravam presos, até participações indiretas, como o conhecimento e conivência de familiares que fazem, de sua residência, local para guardar ou vender drogas. Dessa forma, quando a participante nega o delito, menciona geralmente au-

---

73 MINISTÉRIO DA JUSTIÇA E DA SEGURANÇA PÚBLICA, DEPARTAMENTO PENITENCIÁRIO NACIONAL. opus citatum, p. 15.

74 LOPES, MELLO e ARGIMON, **Mulheres encarceradas e fatores associados a drogas e crimes.** p. 4, 2010. Disponível em: http://pepsic.bvsalud.org/scielo.php?script=sci_arttext&pid=S1806-58212010000200011. Acesso em 01.09.2018.

toria aos filhos ou companheiros; quando assumem a participação no delito, associam-no ao sustento econômico ou como mantenedor do uso de drogas.

Esse assunto levaria a uma análise mais complexa acerca do perfil do encarceramento no Brasil relacionado à discussão de gênero e criminalidade, vulnerabilidades e desigualdades sociais, que requer espaço mais amplo e adequado para defesa, pelo que, esta obra se limitará a ressaltar que a amplitude do tipo objetivo que criminaliza o tráfico fez com que o número de mulheres encarceradas aumentasse brutalmente, ainda que sua participação com o tráfico de drogas não seja direta, situação que poderia ser remediada com uma análise mais completa dos fatores que levaram ao cometimento do crime, com o fim de reajustar a pena dessas mulheres, e diminuir o encarceramento em massa e seus reflexos na infância. Uma análise nesse sentido poderia resultar na propositura de soluções que tivessem como foco a priorização da infância e não o direito de punir do Estado, por exemplo, a restrição da abrangência do tipo penal previsto pelo Artigo 33, da Lei Antidrogas.[75]

Esta seria uma das soluções possíveis, mas o Supremo Tribunal Federal inovou com a solução dada ao problema, revelando nitidamente a preocupação com o maior interesse da criança. De acordo com o Conselho Nacional de Justiça – CNJ, a Ministra do Supremo Tribunal Federal Carmem Lúcia visitou 14 unidades prisionais ao redor do país em uma série de inspeções que se iniciou em novembro de 2016[76] e, em fevereiro de 2018, a Segunda Turma do Supremo Tribunal Federal concedeu o Habeas Corpus Coletivo (HC 143641) para substituir a prisão preventiva por domiciliar para mulheres presas em todo o território nacio-

---

[75] BRASIL. Lei nº 11.343, de 23 de agosto de 2006. Institui o Sistema Nacional de Políticas Públicas sobre Drogas – Sisnad (...).

[76] CONSELHO NACIONAL DE JUSTIÇA. **Cármen Lúcia visitou 14 presídios em 12 meses.** Disponível em: http://www.cnj.jus.br/noticias/cnj/85611-carmen-lucia-visitou-14-presidios-em-12-meses. Acesso em 01.09.2018.

nal, que fossem gestantes ou mães de crianças até 12 anos.[77] A decisão efetivou os direitos ora tratados e teve impacto fundamental para resguardo do melhor interesse das crianças. Todavia, um mês após a decisão, a Associação Nacional das Defensoras e Defensores Públicos (ANADEP) noticiou a resistência com que os juízos de primeiro grau têm tratado a soltura das mulheres detidas com base na *"abstrata gravidade do crime"*,[78] especialmente nos delitos relacionados ao tráfico que, conforme já demonstrado, são a maioria.

Isso significa dizer que soluções como a alteração da Lei Antidrogas,[79] proibição da prisão preventiva para crimes sem violência, dentre outras apresentadas pelo Instituto de Defesa do Direito de Defesa,[80] ou pelo Instituto Brasileiro de Ciências Criminais em sua publicação "16 Propostas contra o encarceramento em massa",[81] são extremamente necessárias, porém, se mesmo após uma decisão do Supremo Tribunal Federal ainda há resistência em se alterar este quadro social de negligência, cria-se o sentimento de que nenhuma destas medidas conseguirá se efetivar se primeiramente o senso de afeto na infância

---

[77] SUPREMO TRIBUNAL FEDERAL. HABEAS CORPUS 143.641/SÃO PAULO. Segunda Turma. Relator: Min. Ricardo Lewandowski. DJ 20.02.2018.

[78] ASSOCIAÇÃO NACIONAL DAS DEFENSORAS E DEFENSORES PÚBLICOS – ANADEP. **SP: Um mês após determinação do STF, Defensoria obtém liberdade processual para mães e gestantes presas.** Disponível em: https://www.anadep. org.br/wtk/pagina/materia?id=36753. Acesso em 01.09.2018.

[79] BRASIL. Lei nº 11.343, de 23 de agosto de 2006. Institui o Sistema Nacional de Políticas Públicas sobre Drogas – Sisnad (...).

[80] INSTITUTO DE DEFESA DO DIREITO DE DEFESA. **2018: Crise prisional não superada.** Disponível em: http://www.iddd.org.br/index.php/2018/02/06/2018-crise-prisional-nao-superada/. Acesso em 01.09.2018.

[81] INSTITUTO BRASILEIRO DE CIÊNCIAS CRIMINAIS (IBCCRIM). **16 Propostas contra o encarceramento em massa.** Disponível em: https://www.ibccrim.org.br/medidas-sistemapenal2017/. Acesso em 03.09.2018.

não for desenvolvido adequadamente no seio social, político e judiciário, acima do desejo de punir. A conscientização acerca do afeto na primeira infância pode ser capaz de desencadear políticas sociais definitivas no sentido de nortear as decisões no ambiente social com o fim de tratar a infância como prioridade.

3.2. O AFETO COMO GARANTIDOR DO DIREITO À LIBERDADE NA PRIMEIRA INFÂNCIA, COM ENFOQUE NO SISTEMA PRISIONAL

Maria Berenice Dias traz importantíssima lição acerca do afeto como elemento substancial da família, conceituando-o não somente no plano sentimental, mas também como sinônimo de cuidado, de obrigações, gerador de direitos e deveres. É este afeto que se pretende apontar como norteador e motivador de transformações sociais tendo em vista que é em si mesmo antônimo à negligência na infância:

> O afeto foi reconhecido como o ponto de identificação da família. É o envolvimento emocional que subtrai um relacionamento do âmbito do direito obrigacional - cujo núcleo é a vontade - e o conduz para o direito das famílias, cujo elemento estruturante é o sentimento de amor, o elo afetivo que funde almas e confunde patrimônios, **fazendo gerar responsabilidades e comprometimentos mútuos.**[82] (Grifo nosso).

Maria Berenice Dias ainda enfatiza o reconhecimento Constitucional do afeto como princípio e o relaciona como aspecto fundamental para garantia da dignidade da pessoa humana. Este valor afetivo é colocado ainda como sendo de responsabilidade primordial do Estado:

> A dignidade da pessoa humana encontra na família o solo apropriado para florescer. A ordem constitucional dá-lhe especial proteção independentemente de sua origem. A multiplicação das entidades familiares preserva e desenvolve as qualidades

---

[82] DIAS, Maria Berenice. **Manual de Direito das Famílias.** 2016, p. 15.

mais relevantes entre os familiares - o afeto, a solidariedade, a união, o respeito, a confiança, o amor, o projeto de vida comum -, permitindo o pleno desenvolvimento pessoal e social de cada partícipe com base em ideais pluralistas, solidaristas, democráticos e humanistas.[83] (...) **A afetividade é o princípio que fundamenta o direito das famílias na estabilidade das relações socioafetivas e na comunhão de vida, com primazia em face de considerações de caráter patrimonial ou biológico.** O termo affectio societatis, muito utilizado no direito empresarial, também pode ser utilizado no direito das famílias, como forma de expor a ideia da afeição entre duas pessoas para formar uma nova sociedade: a família. O afeto não é somente um laço que envolve os integrantes de uma família. Também tem um viés externo, entre as famílias, pondo humanidade em cada família. O Estado impõe a si obrigações para com os seus cidadãos. Por isso a Constituição elenca um rol imenso de direitos individuais e sociais, como forma de garantir a dignidade de todos. Tal nada mais é do que o compromisso de assegurar afeto: **o primeiro obrigado a assegurar o afeto por seus cidadãos é o próprio Estado.** (...). **Mesmo que a palavra afeto não esteja expressa na Constituição, a afetividade encontra-se enlaçada no âmbito de sua proteção.** O princípio jurídico da afetividade faz despontar a igualdade entre irmãos biológicos e adotivos e o respeito a seus direitos fundamentais. O sentimento de solidariedade recíproca não pode ser perturbado pela preponderância de interesses patrimoniais. **É o salto à frente da pessoa humana nas relações familiares, como diz Paulo Lôbo, ao identificar na Constituição quatro fundamentos essenciais do princípio da afetividade: (a) a igualdade de todos os filhos independentemente da origem (CF 227 § 6.º); (b) a adoção, como escolha afetiva com igualdade de direitos (CF 227 §§ 5.º e 6.º); (c) a comunidade formada por qualquer dos pais e seus descendentes, incluindo os adotivos, com a mesma dignidade da família (CF 226 § 4.º); e (d) o direito à convivência familiar como prioridade absoluta da criança, do adolescente e do jovem (CF 227).** (...). Despontam novos modelos de família mais igualitárias nas relações de sexo e idade, mais flexíveis em suas temporalidades e em seus componentes, menos sujeitas à regra e mais ao desejo. Esta evolução, evidenciada pelo IBDFAM - Instituto Brasileiro de Direito de Família, instalou uma

---

83 DIAS. Maria Berenice, opus citatum, p. 48-49.

nova ordem jurídica para a família, atribuindo valor jurídico ao afeto. Inclusive a Lei Maria da Penha (Lei 11.340/06, 5.º II) define família como uma relação íntima de afeto. (...). **Talvez nada mais seja necessário dizer para evidenciar que o princípio norteador do direito das famílias é o princípio da afetividade.** (...) **O direito das famílias acolhe o ser humano desde antes do nascimento, por ele zela durante a vida e cuida de suas coisas até depois de sua morte.** Procura dar-lhe proteção e segurança, rege sua pessoa, insere-o em uma família e assume o compromisso de garantir sua dignidade. Também regula seus laços amorosos para além da relação familiar. Essa série de atividades nada mais significa do que o compromisso do Estado de dar afeto a todos de forma igualitária, sem preconceitos e discriminações.[84] (Grifo nosso).

É o mesmo entendimento do Superior Tribunal de Justiça no Resp. 1.159.242-SP, de abril de 2012, quando apontou o abandono afetivo como violação de direitos em si mesmo, posto que, está inserido no dever de cuidado, sendo que na hipótese do julgamento, não se discutiu o afeto como sentimento de amor, mas sim como imposição de cuidado, que é dever jurídico:

> DANOS MORAIS. ABANDONO AFETIVO. DEVER DE CUIDADO.
>
> **O abandono afetivo decorrente da omissão do genitor no dever de cuidar da prole constitui elemento suficiente para caracterizar dano moral compensável.** Isso porque o *non facere* que atinge um bem juridicamente tutelado, no caso, o **necessário dever de cuidado (dever de criação, educação e companhia)**, importa em vulneração da imposição legal, gerando a possibilidade de pleitear compensação por danos morais por abandono afetivo. Consignou-se que não há restrições legais à aplicação das regras relativas à responsabilidade civil e ao consequente dever de indenizar no Direito de Família e que **o cuidado como valor jurídico objetivo está incorporado no ordenamento pátrio não com essa expressão, mas com locuções e termos que manifestam suas diversas concepções, como se vê no art. 227 da CF**. O descumprimento comprovado da imposição legal de cuidar da prole acarreta o

---

[84] DIAS. Maria Berenice. **Manual de Direito das Famílias.** 2016, p. 58-59, 60-61, 81.

reconhecimento da ocorrência de ilicitude civil sob a forma de omissão. É que, tanto pela concepção quanto pela adoção, os pais assumem obrigações jurídicas em relação à sua prole que ultrapassam aquelas chamadas *necessarium vitae*. **É consabido que, além do básico para a sua manutenção (alimento, abrigo e saúde), o ser humano precisa de outros elementos imateriais, igualmente necessários para a formação adequada (educação, lazer, regras de conduta etc.). O cuidado, vislumbrado em suas diversas manifestações psicológicas, é um fator indispensável à criação e à formação de um adulto que tenha integridade física e psicológica, capaz de conviver em sociedade, respeitando seus limites, buscando seus direitos, exercendo plenamente sua cidadania.** A Min. Relatora salientou que, na hipótese, **não se discute o amar - que é uma faculdade - mas sim a imposição biológica e constitucional de cuidar, que é dever jurídico, corolário da liberdade das pessoas de gerar ou adotar filhos.** Ressaltou que os sentimentos de mágoa e tristeza causados pela negligência paterna e o tratamento como filha de segunda classe, que a recorrida levará ad perpetuam, é perfeitamente apreensível e exsurgem das omissões do pai (recorrente) no exercício de seu dever de cuidado em relação à filha e também de suas ações que privilegiaram parte de sua prole em detrimento dela, caracterizando o dano in re ipsa e traduzindo-se, assim, em causa eficiente à compensação. Com essas e outras considerações, a Turma, ao prosseguir o julgamento, por maioria, deu parcial provimento ao recurso apenas para reduzir o valor da compensação por danos morais de R$ 415 mil para R$ 200 mil, corrigido desde a data do julgamento realizado pelo tribunal de origem.[85](Grifo nosso).

Em setembro de 2017, o Ministro Raul Araújo proferiu decisão ao REsp 1.087.561-RS, Quarta Turma, julgado em 13/6/2017, DJe 18/8/2017, no sentido de que *"diferentemente da linha adotada pela Terceira Turma desta Corte, por ocasião do julgamento do REsp 1.159.242-SP, Rel. Min. Nancy Andrighi – a falta de afeto, por si só, não constitui ato ilícito, mas este fica configurado diante do descumprimento do dever jurídico de ade-*

---

[85] SUPERIOR TRIBUNAL DE JUSTIÇA. RECURSO ESPECIAL Nº 1.159.242-SP. Terceira Turma. Relator: Min. Nancy Andrighi. DJ 24.04.2012.

quado amparo material", determinando, assim, que a reparação por danos morais deve decorrer apenas sob o fundamento de desamparo material, mas ainda sim reconhece na mesma decisão o caráter obrigacional do afeto na infância:

> Inicialmente, cabe frisar que **o dever de convivência familiar, compreendendo a obrigação dos pais de prestar auxílio afetivo, moral e psíquico aos filhos, além de assistência material, é direito fundamental da criança e do adolescente**, consoante se extrai da legislação civil, de matriz constitucional (Constituição Federal, art. 227). Da análise dos artigos 186, 1.566, 1.568, 1.579 do CC/02 e 4º, 18-A e 18-B, 19 e 22 do ECA, extrai-se os pressupostos legais inerentes à responsabilidade civil e ao dever de cuidado para com o menor, necessários à caracterização da conduta comissiva ou omissiva ensejadora do ato ilícito indenizável.[86](Grifo nosso)

Cumpre ainda ressaltar uma última colocação de Maria Berenice Dias relacionando o afeto ao direito fundamental à felicidade, bem como seu papel primordial no desenvolvimento humano, especialmente em relação à infância, sendo que a ausência do afeto pode gerar graves sequelas e *"comprometer o desenvolvimento saudável"* da criança:

> **O direito ao afeto está muito ligado ao direito fundamental à felicidade.** Também há a necessidade de o Estado atuar de modo a ajudar as pessoas a realizarem seus projetos de realização de preferências ou desejos legítimos. **Não basta a ausência de interferências estatais.** O Estado precisa criar instrumentos – políticas públicas - que contribuam para as aspirações de felicidade das pessoas, municiado por elementos informacionais a respeito do que é importante para a comunidade e para o indivíduo. (...) O conceito atual de família é centrado no afeto como elemento agregador, e exige dos pais o dever de criar e educar os filhos sem lhes omitir o carinho necessário para a formação plena de sua personalidade. A enorme evolução das ciências psicossociais escancarou a decisiva influência do contexto familiar para o desenvolvimento sadio de pessoas em formação. Não se pode mais ignorar essa realidade, tanto que se passou

---

86 SUPERIOR TRIBUNAL DE JUSTIÇA. RECURSO ESPECIAL Nº 1.087.561-RS. Quarta Turma. Relator: Min. Raul Araujo. DJ 13.06.2017.

a falar em paternidade responsável. **Assim, a convivência dos pais com os filhos não é um direito, é um dever.** Não há o direito de visitá-lo, há a obrigação de conviver com eles. O distanciamento entre pais e filhos produz sequelas de ordem emocional e pode comprometer o seu sadio desenvolvimento. O sentimento de dor e de abandono pode deixar reflexos permanentes em sua vida. **A falta de convívio dos pais com os filhos, em face do rompimento do elo de afetividade, pode gerar severas sequelas psicológicas e comprometer o seu desenvolvimento saudável.** A omissão do genitor em cumprir os encargos decorrentes do poder familiar, deixando de atender ao dever de ter o filho em sua companhia, produz danos emocionais merecedores de reparação. A ausência da figura do pai desestrutura os filhos, que se tornam pessoas inseguras, infelizes. Tal comprovação, facilitada pela interdisciplinaridade, tem levado ao reconhecimento da obrigação indenizatória por dano afetivo. Ainda que a falta de afetividade não seja indenizável, o reconhecimento da existência do dano psicológico deve servir, no mínimo, para gerar o comprometimento do pai com o pleno e sadio desenvolvimento do filho. **Não se trata de atribuir um valor ao amor, mas reconhecer que o afeto é um bem que tem valor.** O abandono afetivo pode gerar obrigação indenizatória, conforme enunciado do IBDFAM. A reparabilidade do dano encontra respaldo legal (CC 952, parágrafo único), uma vez que atinge o sentimento de estima frente determinado bem. (...) A busca da felicidade, a supremacia do amor, a vitória da solidariedade ensejam o reconhecimento do afeto como único modo eficaz de definição da família e de preservação da vida. As relações afetivas são elementos constitutivos dos vínculos interpessoais. A possibilidade de buscar formas de realização pessoal e gratificação profissional é a maneira de as pessoas se converterem em seres socialmente úteis. Para essa nova tendência de identificar a família pelo seu envolvimento afetivo surgiu um novo nome: família eudemonista, que busca a felicidade individual, por meio da emancipação de seus membros. O eudemonismo é a doutrina que enfatiza o sentido da busca pelo sujeito de sua felicidade. A absorção do princípio eudemonista pelo ordenamento legal altera o sentido da proteção jurídica da família, deslocando-o da instituição para o sujeito, como se infere da primeira parte do § 8.º do art. 226 da CF: o Estado assegurará a assistência à família na pessoa de cada um dos que a integram.[87] (Grifo nosso)

Neste sentido, e conforme já demonstrado, o Estado é responsável por garantir o desenvolvimento infantil através de medidas que assegurem o convívio familiar e o afeto na infância, e a decisão supracitada do Supremo Tribunal Federal foi proferida em linha com este entendimento, porém, ainda se faz necessária a conscientização plena de toda a sociedade, incluídos juristas e políticos, de sua responsabilidade em efetivar, dentre outros direitos, o da liberdade na infância inerente ao pleno desenvolvimento, bem como de reconhecer o potencial do afeto na efetivação destes direitos.

A vivência do afeto, ainda que tardia, é tanto um efetivo remédio para curar as chagas dos traumas vividos por crianças, como também pode ser um potente mecanismo de prevenção da ocorrência de tais traumas se os pais e responsáveis por crianças e adolescentes forem devidamente educados na maneira de proceder com seus filhos, e o Estado e a sociedade garantirem a efetivação dos direitos das crianças. A sociedade como um todo é beneficiária deste mecanismo pois pode – e deve – auxiliar no combate à violência contra crianças e adolescentes, e para tanto, precisa compreender as consequências desta violência e conhecer mecanismos de prevenção. ALBORNOZ e NUNES afirmam que é possível que o indivíduo vitimado se torne *"sujeito do desejo e do fazer, desenvolvendo o potencial criativo do seu ser, de modo que as marcas do passado deixem de pesar e de obstaculizar as vivências do presente e as perspectivas do futuro"*,[88] mas para tanto, é necessária a abertura para o lúdico, para a criação própria, para a compreensão e desenvolvimento de seu eu através de pessoas com quem tenham contato direto e que lhe garantam a vivência

---

[87] DIAS. Maria Berenice. **Manual de Direito das Famílias.** 2016, p. 58, 138-139, 222.

[88] ALBORNOZ e NUNES, **A dor e a constituição psíquica.** p. 6, 2004. Disponível em: http://www.scielo.br/pdf/pusf/v9n2/v9n2a12.pdf. Acesso em 28.05.2018.

do contato social afetivo. Isso significa dizer que a vivência do afeto ainda que tardia pode permitir a estas crianças atualmente negligenciadas – especialmente no ambiente carcerário - ainda gozarem de um desenvolvimento saudável.

Para além das pesquisas, o documentário "A ira de um anjo"[89] demonstra como o afeto é capaz de criar o contato da criança com seu próprio "eu" em desenvolvimento e ainda, torná-la hábil a conviver em sociedade, confiar, superar as feridas que lhe foram causadas. É o caso de Elizabeth Thomas, uma menina submetida a maus tratos em seus primeiros meses de vida (em período anterior à sua adoção), relacionados à abuso sexual, violência física, e negligência em diversos aspectos, que desenvolveu a incapacidade de se relacionar socialmente, chegando a ferir a si mesma (tocando sua vagina e causando feridas), e a seu irmão mais novo com alfinetes e outras agressões físicas, especialmente nas partes íntimas, além apresentar um comportamento agressivo com seus pais adotivos, desejo de que estes morressem, chegando a esconder facas e outros objetos cortantes. O relato é de que a menina nunca desenvolveu *"um sentimento de consciência, amor ou confiança por ninguém"*. Elisabeth passou a conviver com seus pais adotivos em fevereiro de 1984, quando tinha apenas 19 meses de idade juntamente com seu irmão Johnatan de 07 meses de idade. No lar adotivo os irmãos receberam cuidados, e especialmente Beth foi analisada por um profissional da psicologia que recomendou seu afastamento do lar para tratamentos intensivos, já que a criança apresentava perigo para si mesma e todos ao seu redor. Em 1989 Beth foi levada para uma casa especializada em tratamentos para crianças com desordem emocional, onde pode aprender a desenvolver empatia, compaixão, aprender a se enxergar como alguém de valor, desenvolver sua autoestima, se enxergar como parte de um ambiente social afetivo, saber distinguir entre o certo e o errado, sentir remorso ao fazer

---

[89] "A ira de um anjo (Child of Rage)". Documentário disponível em: https://www.youtube.com/watch?v=8Bp-cgUQpbk. Acesso em 06.04.2018.

algo errado ou ruim. A menina desenvolveu afeto, porque no lugar da violência o afeto lhe foi dado.

Diante de todo o exposto, resta demonstrado o afeto enquanto valor necessário para o pleno desenvolvimento humano, assim como um direito inserido no dever de cuidado e, consequentemente como parte dos direitos até então tratados. É, portanto, uma solução ao estado de negligência vivenciado pelas crianças brasileiras atualmente, pois o dever de cuidado é justamente o elemento que falta nas situações de negligência na infância. A aplicabilidade do afeto enquanto direito abrange o Estado, os poderes administrativos, e nestes inserido o judiciário – conforme demonstrado pela jurisprudência – bem como as famílias e a sociedade em geral. Falta, assim, apenas a consciência acerca deste direito que toda criança possui e a utilização deste como elemento norteador de políticas públicas e decisões jurídicas.

Neste sentido, o que se propõe é a reflexão de que somente a conscientização em massa do afeto como direito poderá alterar efetivamente a realidade que vivemos, ainda que esta mudança seja vivenciada e evidenciada aos poucos, talvez somente a longo prazo. Esta reflexão pode fazer surgir ideias, propostas, medidas eficazes voltadas para a ampla conscientização acerca do afeto na infância em todas as esferas. Medidas como, por exemplo, a implantação de matérias sobre ética e direito, ainda nos primeiros anos do ensino infantil, que conscientizem as crianças sobre seus direitos - respeitado o seu nível de compreensão - protegendo-as um pouco mais contra a violência através da educação, e aumentando sua capacidade de percepção de perigo e voz para denunciar a violência; palestras, exposições e matérias relacionadas ao afeto na infância em todos os níveis de ensino que formem cidadãos conscientes de sua capacidade e dever de empregar o afeto em suas relações, especialmente naquelas que envolvem a infância, bem como de seu dever de zelar pelos direitos da infância; exposições direcionadas aos pais e cuidadores para trazer a consciência a respeito do dever de empregar formas não violentas de correção, pois o afeto deveria ser o manual de instruções para o exercício da paternidade; dentre outras medidas que podem ser pensadas e implementadas no seio social de diversas formas e meios.

Basta que um pouco de tempo seja dedicado a pensar e aplicar o afeto na infância para que inúmeras mudanças possam florescer e a conscientização possa gerar seus frutos.

Este tipo de consciência já tem repercutido no Judiciário, a exemplo do premiado "Projeto Afin – Afeto na infância. Você, afinado com seu filho",[90] desenvolvido pela Juíza de Direito da 2ª Vara Judicial e da Infância e Juventude da comarca de Nova Odessa, em São Paulo, Michelli Vieira do Lago Ruesta Changman que, através de colaboradores das mais diversas áreas de estudo, tais como medicina, pedagogia e psicologia, disponibiliza conteúdos e promove palestras voltadas para o afeto na infância, auxiliando pais e cuidadores a transformar a vida de crianças, ampliando uma rede de ações em prol da infância, despertando a conscientização, e demonstrando que o afeto é, de fato, desencadeador de mudanças sociais.

É o que se espera da sociedade como um todo, bem como dos agentes da política e de todos os operadores do Direito, que trabalhem para que não somente os fatos se amoldem à norma, mas que também a norma se adeque e transforme a realidade social em que está inserida, priorizando – como ordenam o arcabouço jurídico interno e internacional – os direitos da infância. É necessário que se pense, repense e aplique o afeto na infância, até que se torne intolerável qualquer ação ou omissão familiar, social, judicial, ou política que negligencie direitos na infância, tal como a situação das crianças que experimentaram ou ainda experimentam o encarceramento no Brasil juntamente com suas mães.

O afeto aproxima, desenvolve e cria este novo olhar social diante destas crianças. O afeto produz o primeiro toque físico,

---

90 Mais informações e notícias podem ser obtidas através dos sítios eletrônicos: https://www.projetoafin.org/, http://www.tjsp. jus.br/Imprensa/Noticias/Noticia?codigoNoticia=45023&pagina=5, http://www.tjsp. jus. br/Imprensa/Noticias/Noticia?codigoNoticia=49499&pagina=25.

o primeiro som, o contato com o mundo exterior e a vida em sociedade após o nascimento. O afeto faz com que a necessidade da criança seja atendida, garantindo, portanto, o direito que deriva desta necessidade. Este afeto deve estar presente em todo o círculo social desta criança para que esta possa se desenvolver psíquica, moral e socialmente, porque produz o aprendizado, e quando adequadamente aplicado, ensina a criança a ser livre, independente, capaz, como ela tem direito de ser. O afeto pode transformar vidas e a conscientização sobre o afeto pode garantir, não somente o bem-estar e o desenvolvimento infantil, mas também o desenvolvimento de uma sociedade mais sadia. Uma sociedade que luta por suas crianças também está lutando por sua própria sobrevivência, porque as nossas crianças são o nosso futuro, e este futuro só será pleno se também forem garantidos os direitos à vida, dignidade, segurança e liberdade às nossas crianças. Este futuro não pode ser conquistado negligenciando direitos e fechando os olhos para a realidade social. Ao contrário, este futuro pode e deve ser conquistado através da consciência de todos sobre o direito da infância ao afeto, não somente no âmbito sentimental, mas também como dever de cuidado e instrumento garantidor de direitos.

CONSIDERAÇÕES FINAIS

Resta demonstrado o arcabouço jurídico que assegura às crianças a condição de sujeitos de direito desde a primeira infância, em especial do direito ao pleno desenvolvimento e à liberdade, bem como apontada a necessidade de cuidados especiais para garantir que em seus primeiros anos de vida a criança possa se desenvolver física, mental, e socialmente, no entanto o quadro social no Brasil relacionado à proteção da primeira infância revela a clara negligência do Estado, da sociedade e das famílias em lhes assegurar estes direitos.

Esta negligência se inicia com a negação de seus direitos mais básicos, especialmente aqueles relacionados à dignidade da pessoa humana que é requisito para o pleno desenvolvimento destes cidadãos frágeis, dependentes, mas ainda cidadãos. Diz-se frágeis e dependentes porquanto não podem pleitear os direitos que já lhes foram amplamente assegurados pelos Diplomas brasileiros e internacionais. Não há como falar de dignidade sem liberdade, e este é o direito que foi negado a pelo menos 1.111 crianças ao redor do Brasil em 2016, que nasceram e cresceram em penitenciárias pagando juntamente com suas mães pelos crimes que somente elas cometeram.

Estas crianças podem não ter voz, mas têm direitos. E poder lutar por estes direitos e não o fazer é negligenciar a primeira infância, e isto é o que a sociedade e as famílias irão cometer se permanecerem inertes à situação atual. Conhecer estes direitos e não os assegurar também significa negligenciar a primeira infância, como o Estado brasileiro têm feito, especialmente na pessoa de juristas que escolhem exercer o direito de punir um criminoso, em detrimento da liberdade e do pleno desenvolvimento de um inocente.

Cumpre salientar que esta obra não defende a impunidade. Ao contrário, defende a efetividade dos direitos na infância. E se atribuir valor à norma protetora da infância significa alterar as normas que processam e incriminam estas mães, ou garantir que formas de cumprimento de penas alternativas sejam aplicadas, que assim seja feito.

Este argumento apenas justifica a decisão do Supremo Tribunal Federal já demonstrada que, em 2018, concedeu a liberdade às mulheres presas que tivessem filhos de até 12 anos. A decisão pensou na infância, mas os resultados desta decisão e sua falta de incorporação aos julgamentos em primeira instância revelam que a problemática da negligência na primeira infância não é apenas normativa, é conceitual, valorativa, é a ausência de afeto na primeira infância. E por afeto quer se dizer cuidado, zelo, atenção, direcionamento decisório voltado para a efetividade dos direitos na infância, que são prioridade de forma unânime em todos os Diplomas internos e internacionais apresentados.

Assim, o que se propõe é a conscientização acerca do afeto na infância em todas as áreas políticas, jurídicas e educacionais para o fim de formar cidadãos que se preocupem com o futuro da nação brasileira, lembrando que esse futuro pode estar hoje trancafiado injustamente no sistema prisional. Acredito que esta obra atende a este objetivo no sentido de informar para conscientizar: que é dever de todos, sem exceção, assegurar prioritariamente o pleno desenvolvimento na primeira infância, e que este dever pode e deve ser cumprido através do afeto.

BIBLIOGRAFIA E REFERÊNCIAS

DIAS. Maria Berenice. **Manual de Direito das Famílias.** 2016.

RAMOS, André de Carvalho, **Curso de Direitos Humanos.** 2017.

NUNES, A. J., e SALES, M. C. V. **Violência contra crianças no cenário brasileiro.** 2016. CIÊNCIA & SAÚDE COLETIVA, vol. 21, n.3. Rio de Janeiro. Março de 2016.

ALBORNOZ e NUNES. **A dor e a constituição psíquica.** 2004.

MORSE, FONSECA, BARBOSA, CALIL e EYER. **Mortalidade materna no Brasil: o que mostra a produção científica nos últimos 30 anos?,** Caderno de saúde pública do Rio de Janeiro. 2011.

FRANÇA, E. B., et al. **Principais causas da mortalidade na infância no Brasil, em 1990 e 2015: estimativas do estudo de Carga Global de Doença.** Maio de 2017.

LOPES, MELLO e ARGIMON, **Mulheres encarceradas e fatores associados a drogas e crimes.** 2010.

MINISTÉRIO DA JUSTIÇA E DA SEGURANÇA PÚBLICA, DEPARTAMENTO PENITENCIÁRIO NACIONAL. **Levantamento de Informações Penitenciárias – Infopen Mulheres,** 2ª edição. Brasília, 2018.

Centro Brasileiro de Estudos Latino-Americanos – CEBELA, e FACSO. **Mapa da Violência 2012, Crianças e Adolescentes do Brasil.** Rio de Janeiro, 2012.

World Health Organization (WHO) and International Society for Prevention of Child Abuse and Neglect (ISPCAN). **Preventing child maltreatment: a guide to taking action and generating evidence.** Geneva: WHO, ISPCAN; 2006.

THE LANCET. **Global causes of maternal death: a WHO systematic analysis.**

ONU/UNICEF. **UNICEF diz que taxas de mortalidade infantil em países pobres são alarmantes.**

Organização das Nações Unidas (ONU). **Brasil tem 7ª maior taxa de homicídios de jovens de todo o mundo, aponta UNICEF.**

Organização Pan-Americana da Saúde (OPAS). **Folha informativa - Mortalidade Materna.**

Centro Latino-americano de Perinatologia, Saúde da Mulher e Reprodutiva. **Plano de ação para acelerar a redução da mortalidade materna e morbidade materna grave: Estratégia de monitoramento e avaliação.**

Ministério da Saúde do Brasil. **Ministério da Saúde investe na redução da mortalidade materna.**

CONSELHO NACIONAL DE JUSTIÇA. **Cármen Lúcia visitou 14 presídios em 12 meses.**

ASSOCIAÇÃO NACIONAL DAS DEFENSORAS E DEFENSORES PÚBLICOS – ANADEP. **SP: Um mês após determinação do STF, Defensoria obtém liberdade processual para mães e gestantes presas.**

INSTITUTO DE DEFESA DO DIREITO DE DEFESA. **2018: Crise prisional não superada.**

INSTITUTO BRASILEIRO DE CIÊNCIAS CRIMINAIS (IBCCRIM). **16 Propostas contra o encarceramento em massa.**

SUPREMO TRIBUNAL FEDERAL. HABEAS CORPUS 143.641/SÃO PAULO. Segunda Turma. Relator: Min. Ricardo Lewandowski. DJ 20.02.2018.

SUPERIOR TRIBUNAL DE JUSTIÇA. RECURSO ESPECIAL Nº 1.159.242-SP. Terceira Turma. Relator: Min. Nancy Andrighi. DJ 24.04.2012.

SUPERIOR TRIBUNAL DE JUSTIÇA. RECURSO ESPECIAL Nº 1.087.561-RS. Quarta Turma. Relator: Min. Raul Araujo. DJ 13.06.2017.

Declaração Universal dos Direitos Humanos de 1948. ASSEMBLÉIA GERAL DAS NAÇÕES UNIDAS.

Pacto Internacional sobre Direitos Civis e Políticos de 16 de dezembro de 1966. ASSEMBLÉIA GERAL DAS NAÇÕES UNIDAS.

Convenção Americana sobre Direitos Humanos. ORGANIZAÇÃO DOS ESTADOS AMERICANOS. Decreto no 678, de 6 de novembro de 1992. Promulga a Convenção Americana sobre Direitos Humanos (Pacto de São José da Costa Rica), de 22 de novembro de 1969.

Convenção sobre os Direitos da Criança. ASSEMBLÉIA GERAL DAS NAÇÕES UNIDAS. Decreto Nº 99.710, de 21 de novembro de 1990. Promulga a Convenção sobre os Direitos da Criança.

Convenção Interamericana Para Prevenir, Punir e Erradicar a Violência Contra a Mulher. ORGANIZAÇÃO DOS ESTADOS AMERICANOS. Decreto n° 1.973, de 1° de agosto de 1996. Promulga a Convenção Interamericana para Prevenir, Punir e Erradicar a Violência contra a Mulher, concluída em Belém do Pará, em 9 de junho de 1994.

Convenção sobre a Eliminação de Todas as Formas de Discriminação Contra a Mulher. ASSEMBLÉIA GERAL DAS NAÇÕES UNIDAS. Decreto n° 4.377, de 13 de setembro de 2002. Promulga a Convenção sobre a Eliminação de Todas as Formas de Discriminação contra a Mulher, de 1979, e revoga o Decreto no 89.460, de 20 de março de 1984.

Constituição da República Federativa Do Brasil.

Estatuto da Criança e do Adolescente. BRASIL. Lei N° 8.069 de 13 de julho de 1990. Dispõe sobre o Estatuto da Criança e do Adolescente e dá outras providências.

Estatuto da Primeira Infância. BRASIL. Lei N° 13.257, de 8 de março de 2016. Dispõe sobre as políticas públicas para a primeira infância (...).

Código Civil Brasileiro. BRASIL. Lei no 10.406, de 10 de janeiro de 2002. Institui o Código Civil.

Lei Antidrogas. BRASIL. Lei n° 11.343, de 23 de agosto de 2006. Institui o Sistema Nacional de Políticas Públicas sobre Drogas – Sisnad (...).

Lei De Execução Penal. BRASIL. Lei n° 7.210, de 11 de julho de 1984. Institui a Lei de Execução Penal.

Documentário "A ira de um anjo (Child of Rage)".

Notícias sobre o Projeto Afin, TJSP, Fórum da Comarca de Nova Odessa – SP: https://www.projetoafin.org/; http://www.tjsp. jus.br/Imprensa/ Noticias/Noticia?codigoNoticia=45023&pagina=5; http://www.tjsp. jus. br/Imprensa/Noticias/Noticia?codigoNoticia=49499&pagina=25.

- editoraletramento
- editoraletramento
- grupoletramento
- editoraletramento.com.br
- company/grupoeditorialletramento
- contato@editoraletramento.com.br

- casadodireito.com
- casadodireitoed
- casadodireito

Grupo Editorial
LETRAMENTO